10000小时的
刻意练习

范希瓯◎著

**10000 HOURS OF
DELIBERATE
PRACTICE**

天津出版传媒集团
天津科学技术出版社

图书在版编目（CIP）数据

10000 小时的刻意练习 / 范希飚著. -- 天津：天津科学技术出版社，2023.7
ISBN 978-7-5742-1393-7

Ⅰ．①1… Ⅱ．①范… Ⅲ．①职业选择－青年读物 Ⅳ．①C913.2-49

中国国家版本馆 CIP 数据核字 (2023) 第 127332 号

10000 小时的刻意练习
10000 XIAOSHI DE KEYI LIANXI

责任编辑：	王　冬
责任印制：	兰　毅
出　　版：	天津出版传媒集团
	天津科学技术出版社
地　　址：	天津市西康路 35 号
邮　　编：	300051
电　　话：	（022）23332377（编辑部）
网　　址：	www.tjkjcbs.com.cn
发　　行：	新华书店经销
印　　刷：	三河市双升印务有限公司

开本 710×1000　1/16　印张 13.5　字数 160 000
2023 年 7 月第 1 版第 1 次印刷
定价：49.80 元

# 自序

成就卓越的秘诀

研究证明,成为天才的唯一秘诀在于刻意练习。

但很多人也会说"我努力了、练习了,却一无所得"。为什么?

答案就在于练习的方法。

刚刚踏入职场的新人,或迷茫,或憧憬,但总体都有昂扬的斗志,愿意付出十分的努力。经历逆境或者顺境后,在时间的消磨下,很快就会出现职场分流:有些人持续成长,成为骨干,成为管理人员,成为公司高层;而有些人却浑浑噩噩,一路下行。抛开不可抗性,主要原因并不是学历、专业的差别,也不是"985""211"在起关键作用,而是能否持续成长。

成就卓越的关键就在于刻意练习。

进入职场十多年,我从一位职场小白一路走来,有幸向很多优秀的前辈学习,和一批又一批的新人共事,

才有了自己的成长与收获。希望通过本书的总结，帮助和我有类似经历，但又渴望成长，渴望通过自己的努力改变处境的职场新人，找到一套适合自己的练习方法。

本书将从刻意练习的基础概念切入，从职场新人的视角，阐述明确目标的树立、分解，克服拖延症、突破舒适圈的关键，控制情绪、深度专注的秘诀，以及具体的学习方法，并尽可能地结合更多的案例，带领读者一道面对问题，解答当下的疑惑，实现职场的跃迁。这本书从头到尾是一个闭环，但这个闭环仅仅是一个开始，一个支点，它的目的在于帮助读者去寻求一条适合自己的职场成长之路。

不得不说，这次写作对于我自己而言，也是一个"刻意练习"的过程。这里面有树立目标、复盘、突破舒适区的练习，也有克服拖延症、运用具体学习方法的练习。

对于任何一位职场人而言，成长都是一个"事上练"的历程，关键是自己要亲身入局去实践。但不能忽视的是，职场也需要引路人。这个引路人可能是领导、前辈、朋友、同事，也可能是图书或课程。所以，职场人可通过本书的总结找到一个可参照的路径。从方法上来看，这是实实在在看得见、用得上的；从目标上来看，从新手到卓越也并非高不可攀，而是摸得着的。

为此，结合本书的方法，我个人将职场人的"卓越"定义为以下七个优秀品质。

· 勇于承责

职场以结果说话，但要想把事情做成、做好，都会有一个循序渐进的过程。这个过程因人而异，但很重要的一点，就是你能够承责。在工作的边界范围内守土有责，本职工作应事事有回应。当出现特殊情况不能按照预期完成时，能勇于承责，不推诿，这是职场的优秀品质。

·逻辑思维

书中我会介绍诸多科学的思维方法。刻意练习的过程，也是在感性认识的基础上，运用概念、判断、推理等形式，对客观世界进行间接概括反映的过程。逻辑思维是科学思维的一种最普遍、最基本的类型。良好的逻辑思维能够帮助我们更好地学习各项知识与技能，帮助我们迅速掌握原理、工具与方法，提高工作效率。

·积极学习

正如本书的主旨，天才不是天生的，从新手到卓越是刻意练习的结果。所以，不论起点高低，到了职场，都应该回归小学生的心态。在职场中，你的学习能力很重要，但学习态度更重要。能否积极学习，更快适应岗位需求，并持续适应提升的需求，成为你能否满足职场要求的重要体现。

·"双商"要高

其一是智商高，能够做正确的事，正确做事以及把事做正确。这很关键，是个人发展的基础保障。其二是情商高，能够有同理心、共情力，做好情绪控制，能够很好地协调团队领导、成员、下属之间的关系，包括强化优势、弥补劣势等方面。或许你会说这很难，能做好一方面就不错了，这样说，说明你还是忽略了刻意练习的作用。

· 有大局观

职场自然讲究公平公正，但没法确保时时刻刻都保证公平公正。有大局观的人，能更好地看待团队协同，更长远地看待组织发展及伙伴间的关系。他们是长期主义者，能够延迟满足，很少去斤斤计较。能否从团队整体利益、全局利益来思考，是一个人能否成为真正领导者的关键。

· 乐观向上

乐观很重要，总是带着情绪、爱抱怨的人，很难成为职场中受人欢迎的人。拥有乐观的心态，保持积极向上的情绪，持续释放正能量以及接收正反馈，不畏艰难，才能更好地实现职场发展。一个人如果消极情绪太重，不仅自己难受，还容易将这类情绪传导给其他人。负面情绪的传染力很强，大家如果都避之不及，谈何团队协同，更谈不上职场发展。

· 结果导向

结果是硬性标准，不是差不多，不是无限接近。但以结果为导向的思维不是"唯结果论"，而是以终为始确定目标、制订计划、分解执行。结果导向，成就导向，执行力强，能做成事，这是职场价值的根本支撑，是职场人专业性的体现。也鼓励读者以此作为标杆自勉，并通过刻意练习，真正拥有这项非常优秀的品质。

以上只是个人观点，是为了更好地与大家达成阅读共识。但必须承认，我不是任何领域的专家，十多年职场经验赋予我的是当下成长的结果，谈不上突出，所以由此转化而来的观点，一定还有诸多的不足和带有个人主观偏见甚至是错误的地方，希望读者朋友带着批判性思维来阅读、实践。

其实，市面上关于刻意练习的书已经有不少，其中有很好的学习材料。但我想写一本给职场新人的实践书，未必要有太多的大道理，更多是一些能切实入门的心得体会与方法方向。有感于我个人成长过程中获得的指导和帮助，所以我下定决心完成这本书的写作。

在这里，还必须感谢我的家人。他们在得知我要写作这样一本书后，都表现出非常的欣喜，也给予了充分的支持。小朋友希望我陪伴的同时尽量给我留出写作的时间，长辈和爱人则分摊了更多的家庭事务，让我没了后顾之忧。

思想和知识是人类共同的财富。今天，我们探讨刻意练习可能将具有更深刻的意义。在即将与人工智能共生的时代，刻意练习可以强化我们人之为人的洞察、共情、协同、黏合等能力，而这些能力，将是我们有别于人工智能的本质差别所在。

是为序，共勉。

第1章
刻意练习：卓越者的黄金法则

成功没有模式可循，但走向成功的路上一定有一些法则或者秘诀。我们坚信，刻意练习就是卓越者的黄金法则。

本章将从"10000小时定律"切入，引出本书的主旨——刻意练习，并希望从原理到实践，探讨如何成为一名刻意练习者。

"10000小时定律"是什么 / 002

刻意练习是成功者的秘诀 / 006

刻意练习的五大特点 / 009

刻意练习的四大步骤 / 014

第2章
成功策略：如何从新手到卓越

本章从强化信念、拆掉思维的墙、直面问题、用对方法四部分，探讨从新手到卓越的整体思路。

本章从基础概念过渡到贯穿全书的法则，希望与读者达成学习的共识，以保证在后续的探讨中我们都在同一频道。

强化信念，让自我效能不断增强 / 022

拆掉思维的墙，不断刷新自我 / 028

直面问题，强化心智 / 035

用对方法，实现跃迁 / 039

第3章
目标驱动：刻意练习的前提

想要通过刻意练习成就卓越，首先要有目标，且要有有效的目标，并且能够高效地分解执行目标。

本章将探讨如何应对树立目标后的第一个敌人——拖延症；如何定义目标；如何制定有效的目标；以及如何拆解目标。成就卓越的道路上，我们总要迈出第一步，而目标就是关键的第一步。

你立下的目标达成了吗 / 048

如何定义明确的目标 / 053

普通人如何制定有效目标 / 058

卓越者都具备的目标拆解能力 / 063

第4章
瓶颈期：刻意练习的必经之路

职场总会遇到瓶颈期，谁都不例外。有些人将产生瓶颈期的原因归结为外因，而我们主张对内探索。当然，这会更难。

瓶颈期的到来和能力有关，但更重要的是动机。职场尤其需要做好每一阶段的复盘，需要定期优化考量的目标，还需要学会重塑目标。

动机：突破瓶颈期的内在因素 / 070

复盘：突破瓶颈期的关键工具 / 075

改变策略，优化考量方向 / 080

重塑目标，突破瓶颈后的卓越追求 / 085

第5章
舒适区：刻意练习的陷阱

成长到了一定阶段，人就会进入舒适区，这也将是职场发展的分水岭。有些人突破舒适区，有了更好的成长；而有些人就此"泯然众人矣"。

待在舒适区是人的本能反应，很多人容易陷入即时满足的快感，这就要求我们持续探索舒适区的边缘效应。同样，这也是讲方法的。

人的本能与舒适区之谜 / 092

即时满足与长期主义 / 096

舒适区的边缘效应 / 101

突破舒适区的方法 / 105

第6章
"心流"状态：成就卓越的秘钥

互联网时代，缺乏专注力已经成为一个社会普遍存在的问题。拥有专注力，保持深度专注，已经成为改变命运的钥匙。

本章我们将进一步向自我内心探索，探讨如何通过持续专注找到"心流"状态，也会进一步分析无法专注的原因以及深度专注的方法。

什么是"心流"状态 / 112

影响专注力的干扰因素 / 115

如何通过刻意练习提升专注力 / 120

深度专注，找回"心流"状态 / 125

第7章
有效反馈：刻意练习的关键

成长是一个过程，过程中有成功也会有失败，这很正常，关键是如何更有效地接收正面或者负面的反馈。

找到适合自己的方式方法，并付诸行动，从行动中接纳反馈，在反思中成长，从而成就更卓越的自己，这是成长应该拥有的一项"超能力"。

"努力失效"的深层原因 / 134

有效反馈的本质 / 138

构建反馈思维，持续迭代优化 / 144

SBI 反馈法让你事半功倍 / 149

第8章
情绪管理：突破成就卓越的阻碍

　　随着来自社会、家庭、组织以及自身压力的增加，职场焦虑成为一个普遍现象，但焦虑的根源往往不是外在的问题，而是个人的情绪。

　　如何控制情绪而不是被情绪控制，如何让自己更有耐心，拒绝情绪杀手——本章将和大家一起探讨情绪管理的原理、方法，从而让大家获得更持续的成功。

探寻焦虑的深层原因 / 156

坏情绪是成功路上的绊脚石 / 160

化解情绪问题的秘诀 / 165

实现情绪管理的三步走 / 170

第9章
持续成长：刻意练习的主旋律

　　避免认知偏差，学会断舍离，塑造深度思维，以及任何时候都有勇气破局——以此作为全书的总结，希望和读者再一次回顾刻意练习的全过程。

　　路止于此，海始于斯。本章的主题是终极成长，但更应该是持续成长，以终为始，既是结束，更是开始。

克服认知偏差，实现自我洞察 / 178

改变思维定式，敢于"断舍离" / 185

塑造深度思维才能成就卓越 / 190

勇敢破局，持续成长 / 197

第 1 章

刻意练习：卓越者的黄金法则

　　成功没有模式可循，但走向成功的路上一定有一些法则或者秘诀。我们坚信，刻意练习就是卓越者的黄金法则。

　　本章将从"10000小时定律"切入，引出本书的主旨——刻意练习，并希望从原理到实践，探讨如何成为一名刻意练习者。

"10000小时定律"是什么

> 我在年轻时注意到，我每做10件事，都会有9件是不成功的，于是我就做了10倍的工作。
>
> ——萧伯纳

2015年，时任清华大学校长的陈吉宁在清华研究生毕业典礼上发表了《选择与坚持》的演讲，他从心态、坚持、取舍这三方面为同学们分享了经验。关于坚持，陈校长这样说：

为自己的梦想付出"10000小时"的努力。平庸与卓越之间的差别，不在于天赋，而在于长期的坚持、持续的投入。

"10000小时"的概念非常热门，但不少人却以讹传讹，把它变成了"放之四海而皆准"的真理，而忽略了它的内涵。

何为"10000小时定律"

"10000小时定律"最早是在《异类》(*Outliers*)这本书中提出的，

其作者格拉德威尔认为:"人们眼中的天才之所以卓越非凡,并非天资超人一等,而是付出了持续不断的努力。10000小时的锤炼是任何人从平凡变成世界级大师的必要条件。"

也就是说,如果每天工作8小时,一周工作5天,那么成为一个领域的专家至少需要5年,以此类推。这就是"10000小时定律"。但很多人都工作了5年、10年,甚至更长,可除了年龄的增长,好像并没有成为所在领域的专家,更遑论"世界级大师"。

俗话说:"三百六十行,行行出状元。"但反过来想,为什么有人成了"状元",有人终其一生,可能连个"秀才"都考不上?比如,一个讲了几十年课的老师,如果总是做机械式的重复,那么他未必会成为一位杰出的老师。大多数人开车,即使开上十几年、二十年,也未必能成为一位优秀的赛车手。

日复一日地练习只是表象,横亘在新手与卓越之间的障碍,其内核往往是因为忽视了"10000小时定律"的内在逻辑。只关注时间维度,忽视了对自身最重要能力的强化,或许是很多人未能跨越障碍的根本原因。

知识探索 10年法则

格拉德威尔的"10000小时定律"来自安德斯·埃里克森及同伴的研究成果。早在20世纪90年代,安德斯·埃里克森和诺贝尔经济学奖获得者、科学家赫伯特·西蒙就一起建立了"10年法则"。他们指出:"人们都羡慕那些成就非凡的弄潮儿,其实

> 他们大多数也和我们一样是平常人，其之所以能脱颖而出，就是因为他们有超人的耐心和毅力，肯花 10000 小时甚至更多的时间来训练和学习积累，水滴石穿，终成正果。"

全面理解"10000小时定律"

要回答上述的问题，我们先要简单归纳一个等式：目标 + 训练 + 时间 = 卓越。等式左边的内在逻辑，可以被看成下图这样一个循环：

在每个环节都不断地追问自己"下次遇到这种情况，能够如何应对，是不是有更好的方式"，如此反复。慢慢地，你会发现，相较于结果，良性循环的过程更重要。

很多人号称自己有 10 年、20 年的工作经验，也许只是把 1 年的工作经验，机械地重复了 10 年、20 年而已……但重复，并不能带来飞跃式的进步。甚至说，一台机器机械重复运作了 10 年，就该被淘汰了。

人生路上，每一个阶段，你都可能遇上问题，应怎样看待它们，又该如何解决它们？浑浑噩噩、随遇而安是一种方式，"庖丁解牛"式的总结提升也是一种方式，而选择的差异化决定了你能否用好"10000 小时定律"这个必要条件，决定了上述的等式能否成立。

毫无疑问，这是需要勇气、智慧和耐心的。但如果想拥有卓越的人生，那就必须有勇气设定更高的目标，用智慧找到对的方法，并且有耐心地持续做。做一件事情，只有持之以恒，水滴石穿，才能产生深刻的理解和认识，获得与众不同的感悟和洞察。没有这样的积累，即使机会摆在你面前，你也很难抓住。

当然，每个成功的人都有令他成功的原则，如爱因斯坦所说，**成功 = 正确的方法 + 努力工作 + 少说废话**。围绕"10000 小时定律"，我们需要找寻达成卓越的充要条件。

刻意练习是成功者的秘诀

天才就是 1% 的灵感加上 99% 的汗水。

——爱迪生

"天才就是 1% 的灵感加上 99% 的汗水。"想必很多人小时候都读过爱迪生的这句话。毫无疑问,这 99% 的汗水就是持续投入。但互联网发展起来后,网民都"打脸式"地推广他们找到的"后半句":"但那 1% 的灵感是最重要的,甚至比那 99% 的汗水都要重要。"可事实真的如此吗?

什么是刻意练习

刻意练习,就是拆解、梳理并优化练习内容,通过相当长的时间、相当量的重复专注,以及获得的有效反馈,"改造"大脑和身体,创建心理表征,使主体熟练掌握某项技能,并能够不断精进这项技能的全过程。

刻意练习：卓越者的黄金法则  第1章

让我们看看乒坛"初代大魔王"邓亚萍的故事。

作为极富传奇色彩的乒乓球运动员，邓亚萍在14年的运动生涯中，共获得18个世界冠军，也是中国奥运历史上第一个夺得4枚奥运金牌的人，在世界乒坛排名连续3年保持第一。但刚开始，邓亚萍并不具备先天的优势，甚至因为身高的问题被要求退出省队。

针对自己的身高弱势，邓亚萍在进攻上下功夫，她曾这样说："我在乒乓球队确实很辛苦，每天各种训练七八小时不止。但辛苦之余，我更是讲章点的。每天去训练场，先练什么、后练什么，这都是有讲究的，甚至在每一项专项训练中也是有讲究的。比如先练习100下正手攻球，这项训练，我不仅仅是在挥拍，同时有不同步法、不同发力特点和旋转特点的训练。时间久了，训练场地的空气干湿度、不同胶皮的特色，都会成为我肌肉记忆的一部分。"

结合自身优缺点，梳理出适合自己的路径并形成计划，然后是坚持5年、10年的有效训练，这才是10000小时定律背后的真谛——刻意练习。

成功者的秘诀

经过改革开放40多年的发展，总体而言，当下的职场环境越来越好，我们的可选项多了很多，成功也有了更多维度的评判标准。向着正确的方向，用正确的方法，脚踏实地，持续地刻意练习，也成为每一个希望从新手迈向卓越的年轻人必须经历以实现自我蜕变的"新长征"。

2022年10月，被誉为"世界技能奥林匹克"的世界技能大赛特别

赛在法国赛区收官。中国代表团中的"00后"选手马宏达摘得"抹灰与隔墙系统"项目的金牌，实现中国在该项目上金牌"零"的突破。

为了备战世界技能赛，马宏达对自己"下了狠手"。一天不低于7小时的训练，让每一个动作都刻进了他的肌肉记忆里。夏天，马宏达身边总会备着几套训练服，因为几组动作就能让身上的衣服湿透。一双5厘米厚、能用上一年的钢头鞋，他往往两个月就磨破了底。他抓住一切机会，向书本学、教练学，完成训练赛之余，还默默观察身边选手的操作手法，以完善自己的操作技艺。

毫无疑问，不论是邓亚萍还是马宏达，都是在技艺、身体、心理等方面持续刻意练习才取得了成就。而这种努力，我们同样可以在莫扎特、富兰克林、丘吉尔、爱迪生、霍金、巴菲特、马斯克以及无数奥运冠军的身上看到。来自不同领域的成功人士，在人生的道路上，有着类似的轨迹——快速掌握如何对结果进行分析，如何从失败中得到反馈并吸取教训，从而制定出适合自己的正确方法，并坚持不懈地刻意练习。

一个普遍的规律是，每个领域最杰出的人，往往是刻意练习时间最久的那个人。必须再次强调，这里所说的结果分析、吸取教训、正确方法在不同的人身上会有不同的呈现，并非套用公式般地"解题"或单一时间维度的叠加。

最后，回到本节开始时爱迪生的那句名言，经过多方求证，原文如下：

我的发明没有一个是偶然的。每当看到了一个值得去实现的社会需求时，我就会不断去尝试，直到将需求化为现实。归根结底是1%的灵感加上99%的汗水。

从始至终，就只有这上半句，这才是成功者真正的秘诀。

刻意练习：卓越者的黄金法则

刻意练习的五大特点

磨针溪，在眉州象耳山下。世传李太白读书山中，未成，弃去。过是溪，逢老媪方磨铁杵，问之，曰："欲作针。"太白感其意，还卒业。

——《铁杵磨针》

目标＋练习＋时间＝卓越。

等式的左边其实就是刻意练习的过程。为进一步了解刻意练习，接下来我们将一起探讨其具备的特点。一般认为，刻意练习会有以下一些关键点：具有定义明确的特定目标，专注且有效反馈的练习，进行持之以恒练习的时间。基于这些关键点，我们进一步归纳出刻意练习的5个特点。

在详细介绍这5个特点前，我们先看看"水花精灵"全红婵的故事。

在东京奥运会夺冠后，全红婵说"要挣钱给妈妈治病"，感动了很多人。在这位奥运冠军的成长之路上，刻意练习的几个特点得到了很好的体现。

2014年,年仅7岁的全红婵到湛江市体校报到,当时的她还是个"旱鸭子",但很快她就爱上了跳水,并且树立了"拿冠军"的目标。在体校,训练只能在露天跳水池进行,完全要看天的"脸色",夏天打雷下雨不行、冬天太冷不行,全年只能训练7个月。跳板是铁质的,夏天被晒得滚烫,她只能用毛巾挤水给跳板降温,然后一次次迎着刺目的阳光,一跃入水。全红婵是同伴中第一个登上3米板的,接着是5米跳台、7米跳台……两年后,她第一个站在了10米跳台上,毫不犹豫地跳了下去。"即便是如此艰苦的环境,全红婵在训练中的刻苦、认真慢慢表现出来了。"全红婵的启蒙教练陈华明说。

事实上,全红婵在受训前并没有太出众的地方。对于大多数人来说,同样具备相应的"天赋",但成长的过程却是充满挑战的,而最大的挑战,其实是围绕刻意练习的5个特点展开的。

明确的目标

我们发现,越来越多的年轻人感觉生活无趣,很重要的一个原因就是没有目标。这里并不是说年轻人都"躺平"了。学习、工作、家庭责任他们一样没落下,但就是感觉"没劲儿"。而明确向上的目标,就是让人生充满活力的源泉,它让努力有方向,让自我有意义。

毫无疑问,目标的确立要远早于任何特定行为指标的设置,否则越努力,越容易"南辕北辙"。比如全红婵,她会时刻牢记父亲叮嘱的"为国争光",也念念不忘"我想拿冠军""赚钱给妈妈治病"的想法,这些都是不同维度的目标。

学习动机

学习动机是一个人的内在驱动力，决定能够学到的难度、持续的周期，以及自我蜕变的深度。

如果是被迫学的，需要靠别人监督或外在的激励，这个短时间奏效，但可能很难持久。被迫学习时，大脑甚至会排斥这种行为，从而导致其效率低下，记不住要点，形成恶性循环。但如果将自己设定的目标内化为自身的使命，让自己能够获得快乐，就进一步强化了可感知的意义，从而形成更强的自驱力。

在练习的过程中，你甚至会希望有更多的表现机会，这也有助于增加刻意练习的频率。所以，学习动机是刻意练习很重要的一个特点。

学习方法

基于目标的学习动机清晰后，能否有成效，关键还要看学习方法。正确的学习方法要求你基于自身的特点，专注于所训练的事物和有意识地强化行为。

混沌大学的创始人李善友教授说过："成年人学习的目的，应该是追求更好的思维模型，而不是更多的知识。在一个落后的思维模型里，即使增加再多的信息量，也只是低水平的重复。"

这里的模型或者方法不是指具体掌握某项技能的方法，而是围绕目标通过刻意练习达成结果的方法。有些方法是大家公认有效的，比如可能需要一位向导、一些模型或是持续有效的反馈等，这个我们在后面也

会专门讲到。有些则是非常个人的方式，比如有些人就是要多练习，有些人则是去领会，这需要自己去总结。但不论怎样，首先要投入进去"摸爬滚打"一番，才会有成功的经验、失败的教训，然后有针对性地积极做出回馈调整。

"六西格玛管理法"被认为是"世界顶级企业追求卓越之道"，它对管理者的要求是："当你找不到问题或项目时，就去车间、去现场。"去一线、去现场，本就是一种非常好的实践。

勇于跳出舒适圈

从理论到实践，从需要刻意强调到不自觉地行动起来。跳出舒适圈，就像前文案例中的全红婵，3米跳板、5米跳台、10米跳台……只有不断接受挑战，才能拥有越来越高的竞技水平。

刻意练习一定要更多地发生在舒适圈之外，要求持续不断地尝试那些超出自身当前能力范围的事物。初期可借助导师或教练获取反馈，之后则需学会自己发现错误并进行调整。我们得尝试从一个又一个的舒适区走出来，挑战陌生的环境、人际关系，挑战全新的工作内容，持续提升项目的难度和复杂程度。如果我们想拥有举一反三的能力，真正实现"运用之妙存乎一心"，就需要持续地刻意练习，需要大脑进行归纳和辨别，需要我们能越来越快地适应复杂的场景，从而掌握知识的迁移能力，将知识运用在全新的场景中。久而久之，我们才能收获"复利"，实现卓越。

学习时间

这就是"10000小时"概念的出发点及落脚点。只有投入足够多的时间,对所要学习的内容足够了解以后,才有可能成为所在领域的专家。有些短期就能收获成效的方法,对长期的发展未必会有好处。培养自己的耐心,是为了等待成长,等待机会,也是为了等待收获。坚持学习的人,总有长进。

这就像庖丁的"刀十九年,所解数千牛矣",或是卖油翁的"我亦无他,惟手熟尔",这一点相信大家都能很好地理解。也就是围绕一套方法持续地、反复地练习,直至完全掌握成为心理表征。足够长的时间的学习,才会让你成为专家。

以上讲述了刻意练习的5个基本特点,我们在后面的章节还会进一步补充说明,但"卓越"对于大多数人来说还是遥不可及的。是的,"卓越"包含了很多因素,比如个体的基本能力、个性、环境、努力,有时候甚至还包含运气。而"卓越"往往就来自这些因素之间的互相影响、互相作用。如何通过刻意练习最终影响技能和才能的形成,达成卓越,还需要我们进一步探讨。

▲ 刻意练习的特点

刻意练习的四大步骤

> 知之真切笃实处即是行,行之明觉精察处即是知。知行功夫,本不可离。
>
> ——王阳明

很多人常挂在嘴边的一句话就是:"懂得了这么多的道理,可依然过不好这一生。"其实,别说是道理了,打个比方,如果有个人能背诵古往今来所有的诗词,甚至记住所有的文学作品,熟悉各种流派的风格,能代表这个人学会写作了吗?显然不能。那问题在哪儿呢?

小和尚问一位得道的禅师,说:"开悟前与开悟后有什么区别?"

禅师说:"开悟前,砍柴,担水;开悟后,砍柴,担水。"

"哪有什么区别?"小和尚一脸疑惑。

"开悟前,砍柴的时候想着担水,担水的时候想着砍柴;开悟后,砍柴的时候想着砍柴,担水的时候想着担水。"

是的,这就是我们很多人当下遇到的问题,就像砍柴、担水这样的事情，我们都未必能踏实做好。追求卓越，本来是我们所向往的美好的东西，应该成为我们前行的根本动力，但我们总是犹犹豫豫，好不容易想清楚了却不能做，等到做的时候又稀里糊涂地丢了方法。

"道阻且长，行则将至"，如果能将想清楚的事情和自身的行动融为一体，并能持之以恒，从新手到卓越就会是"志之所趋，无远弗届，穷山距海，不能限也"的过程。

躬身入局，"事上练"

有一句话叫："你所遇到的问题，都是因为读书太少而想得太多。"是的，所有最后的"早知道"也都始发于你想得太多而做得太少。麦肯锡公司有个理念：

没有发现老鼠的人不会对捕鼠器有兴趣——直到老鼠现身了，他们才需要知道你有捕鼠器。

这也是我们大多数人的思考以及行为方式。俗话说："光说不练假把式。"纸上谈兵的结果就是，机会来了你都不能抓住。

号称"淘宝一哥"的李佳琦，在刚开始做直播时，也没有人观看，他的直播就是自己与自己对话。为了吸引流量，他每月连续30天，每天6小时不间断地直播，但流量却始终平平淡淡。焦虑的情绪笼罩着他，甚至感染了他的母亲，导致母亲一度叫他回老家再做打算。他也因此生了一场大病。身体恢复后，老板叫他再坚持三天看看。恰巧的是，淘宝也正在对直播进行探索，于是顺便给了李佳琦三天的流量力荐。首日，直播间的人数由日常的2000人次突飞猛进到了20000人次。次日，

20000 人次飞涨到 50000 人次。

李佳琦本是美妆导购,具备专业的素养,涂起口红又准又快,色号拿捏得更是准准的,让一些女孩都自愧不如。"口红标签"让李佳琦迅速火出圈,"口红一哥"成为他出道的品牌,他还申请了"30秒涂口红最多人数"的吉尼斯世界纪录。用李佳琦的话说,就是"你一定要把你最专业、最拿手的东西做到极致"。2019年,李佳琦每天直播或者试品到凌晨4点,曾经创下过365天直播389场的超高纪录!

徐悲鸿说:"生活就是这样严峻,如果你不去战胜困难,困难就会吞没你。"躬身入局,在事上磨炼,普通人通往卓越的道路当是如此。当一事无成时,回头否定那些道理或者说后悔没有按照道理去落实时,那确实是没有任何道理可讲了。

刻意练习的关键步骤

正视问题,既不要放大问题也不要轻视持之以恒的困难。所以,我们要明白,结合刻意练习的特点,真正的刻意练习需要什么样的关键步骤。

确立关键驱动

多问自己几个问题:自我提升的关键驱动是什么?对自己接下来的练习真的有帮助吗?重要吗?做到之后会有什么样的成果?寻找关键驱

动因素，可以帮你节省时间，节省精力，避免大海捞针。找到关键驱动因素，最好借助一些方法和工具，比如"MECE 原则""二八原则"，或者定期通过绘制表格来回顾、销项。关注关键驱动因素是钻研问题的核心，而不是把整个问题撕成一层层、一片片的小问题，让处境纷繁复杂，如一团乱麻。你不可能同时做好所有的事，所以也不要试图做这样的突破，聚焦一件事，一步一个脚印地去做好就可以了，在习惯的养成阶段更是如此。

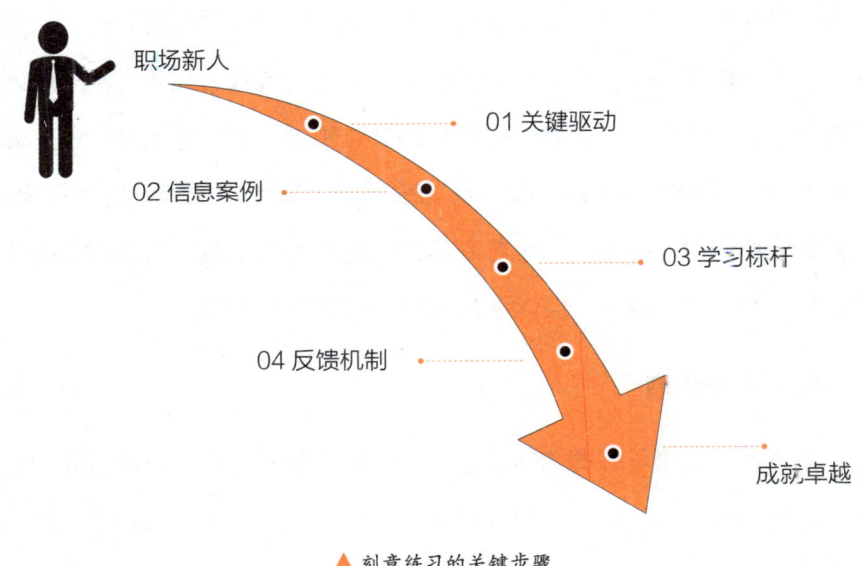

▲ 刻意练习的关键步骤

结合信息案例

必要的信息是学习的基础。虽然学习不等于记住信息，但学习需要有必要的信息。正如我们进入职场后需要从最基层做起，掌握一线最基

本的操作能力。当然,有些人会说自己知道得很多,这里我们还得强调,纯粹的信息很多时候是抽象的,职场新人除了掌握基本信息,还得通过案例将信息具象化,找到背后的逻辑。比如一个组织,有它的组织文化,但大多数时候组织文化可能要通过案例或成员的具体行为来帮助你理解。所以要将两者结合起来,**持续地将自己置身于应用场景之中。**

找到学习标杆

榜样的力量是无穷的,这个结论在任何领域都适用。比如近 30 年的房地产龙头企业万科,在发展的过程中就持续寻求对标的标杆,从早期学习美国的帕尔迪,到后来学习日本的丰田,再到这几年向国内的智能制造企业美的学习,使其能持续保持行业领先。对个体更是如此,即使有各种前置的特殊因素,在自己的组织或者其他组织的佼佼者那里,我们总能找到对标的案例,也总有值得借鉴学习的地方。如果能将榜样转化为你的向导、教练,那就更能达到事半功倍的效果。

建立反馈机制

刻意练习是对所掌握的信息进行巩固和理解的过程,一定时间的正向引导有助于在大脑中建立起某种程序。但如果不加分辨地积累,这种程序就很容易长成一个混合体。所以,你最好建立一套"自己—事物—向导"三位一体的反馈机制。比如在邓亚萍、全红婵的训练过程中,教练的及时反馈指导是至关重要的。反馈能够帮助我们获得正确的认知或对错误的验证,起到不断纠偏的作用,然后帮助我们在大脑中不断重构程序。每一次有效的反馈对强化刻意练习都大有裨益,既能增加信心,也能优化"程序",并使之最终沉淀为内在的自我。当然,这三者之外还有一种反馈的形式,就是不断地输出,不断地跟别人讲,如此便能获得外在更多元的反馈,它们能帮助你更好地掌握自己要学习、深化的内容。

在强化自我刻意练习的道路上,这4个步骤更重要的作用是对自我的启发。就像我们在教育的过程中要启发孩子们爱好学习,探索这个世界,以及思考事物运行背后的逻辑,而不是强调这个东西要背诵、要考试,让孩子按部就班地学习。就像上文所说,会背、会考试并不等同于掌握了这个事物或某项技能。所以,即便刻意练习是成功者的黄金法则,也需要你有"吹尽黄沙始到金"的勇气、韧劲与勤奋。

本章主要和大家一起探讨刻意练习的基本概念,接下来我们将会真正进入刻意练习这个环节,探讨如何成为一个刻意练习者。我们还可以将之定义为一个自我修行者,并最终实现从新手走向卓越的目标。

卓越者思维

- 卓越＝目标＋训练＋时间。

- 很多人未能跨越障碍的根本原因：只关注时间维度，忽视了对自身最重要能力的强化。

- 目标的确立要远早于任何特定行为指标的设置，否则越努力，越容易"南辕北辙"。

- 刻意练习，就是拆解、梳理并优化练习内容，通过相当长的时间、相当量的重复专注，以及获得的有效反馈，"改造"大脑和身体，创建心理表征，使主体熟练掌握某项技能，并能够不断精进这项技能的全过程。

- 学习动机是一个人的内在驱动力，决定能够学到的难度、持续的周期，以及自我蜕变的深度。

- 必要的信息是学习的基础。虽然学习不等于记住信息，但学习需要有必要的信息。

- 三位一体的反馈机制：自己—事物—向导。

第2章

成功策略：
如何从新手到卓越

本章从强化信念、拆掉思维的墙、直面问题、用对方法四部分，探讨从新手到卓越的整体思路。

本章从基础概念过渡到贯穿全书的法则，希望与读者达成学习的共识，以保证在后续的探讨中我们都在同一频道。

强化信念,让自我效能不断增强

> 人生是一枚果实,这果实是思维所结。所有的目标和想要达到的成果,只有我们不断地追求,才有可能将它们实现。
>
> ——稻盛和夫

人生的开头和结尾或许都是一样的,但追寻的过程却有着天壤之别。有些人实现了从新手到优秀,从优秀到卓越的过程,有些人却成了组织中危害性极强的"小白兔"。如何实现从新手到卓越的自我跨越?已经有很多成功案例给了我们启发,其中的关键之一就是自我信念的持续强化,以实现自我效能的不断增强。

强化信念与自我效能

说到强化信念,首先得知道如何定义信念。按照字面的解释,信念是人们在一定的认识基础上确立的对某种思想或事物坚信不疑并身体力行的心理态度和精神状态。简单说就是自己对某种观念坚信不疑。

成功策略：如何从新手到卓越 第2章

那么，什么又是自我效能？"自我效能"由美国斯坦福大学心理学家阿尔伯特·班杜拉在 20 世纪 70 年代首次提出。所谓**自我效能，是指个人对自己能否成功完成某种活动所持有的主观判断与信念。**

自我效能包括两个方面，即结果预期和效能预期。

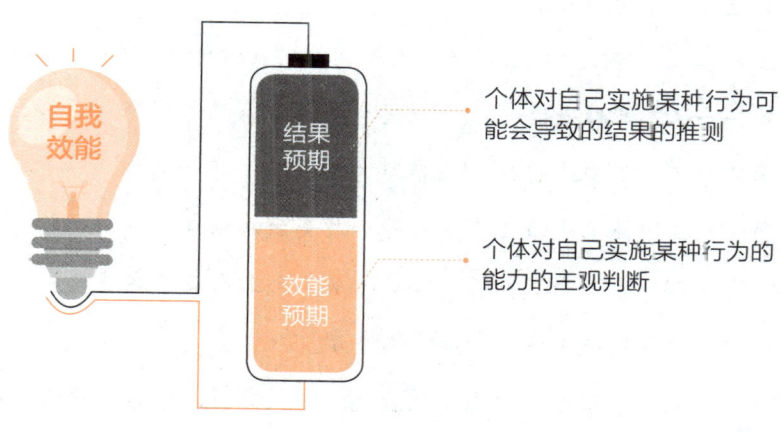

▲ 自我效能的两个方面

简单来说，自我效能就是在遇到问题时，我们想的是"我能行"，还是"我不行"。自我效能高的人更乐观，更乐于迎接挑战，也更能发挥自身水平。

强化信念有助于提高自我效能

或许有人会说："我就是个平凡的打工人，信念这东西可有可无。"所以，"自我效能"看起来可以无关紧要，但其实不然。

现代社会的分工越来越细，这是人类文明发展的必然趋势，体现在

社会进步和科技创新等层面,引发了人类生产和生活方式的变革。所以,不论我们是刚大学毕业,还是其他,一开始就能干一份自己喜欢的工作,其实都是一个极小概率事件。正如稻盛和夫所说的:"天职不是偶然碰上的,而是由自己亲自制造出来的。"

有这样一则寓言故事:

三个工人在建筑工地上砌墙。有人问他们在做什么。

第一个工人悻悻地说:"没看到吗?我在砌墙。"

第二个工人认真地回答:"我在建大楼。"

第三个工人快乐地回应:"我在建一座美丽的城市。"

十年以后,第一个工人还在砌墙,第二个工人成了建筑工地的管理者,第三个工人则成了这座城市的领导者。

从这则寓言故事的三个工人的表述中,我们可以明显地感受到每个工人内心不同的信念及自我效能的高低。有了信念加持的高自我效能,更有助于我们抵达成功的彼岸。

提高自我效能的方法

内心坚定,心态乐观很关键

"志不强者智不达。"我们从小就听过爱迪生发明电灯的故事,也很明白"失败乃成功之母"的道理,但到了自己身上,却总是轻易放弃。

成功策略：如何从新手到卓越

在我们的职业生涯中，有时候会经历比较长的下行期，特别痛苦、迷茫、困惑，这个时候我们的自我效能可能会降低；而在上行的风口，我们自然会享受更大的成功红利，自我效能也就可能提高。

作为个体的主体，自身应该掌握主动权。不论是在上行周期还是处于下行阶段，要想取得最终的成功，最重要的还是自身内心——你所坚信或者追求的信念，你针对所处环境、特定情境进行自我效能的思考，还有那种"胜不骄，败不馁"，或者说"尽吾志也而不能至者，可以无悔矣"的心态。

终身学习，具备成长型心态

"一日不书，百事荒芜。"在这个时代，"不确定性"是老生常谈的话题，但"故步自封"却仍然是当下职场最常见的问题，包括大家热议的"35岁"或"40岁"现象。

不论我们的起点多高，即便是读完博士出来，如果不能跟上时代的发展，持续学习，那么被淘汰也在顷刻之间。想要获得过人的成就（当然，这个成就是全方位的，并非单纯指财富），就注定要与读书和终身学习形影不离。大家熟知的著名企业家或成功人士，比如稻盛和夫、巴菲特、杨振宁、任正非、比尔·盖茨等，都始终保持着阅读的习惯，始终对于学习新技能充满着热忱。

高尔基说："人的知识愈广，人的本身也愈臻完善。"只有不断地自我学习，形成完善的知识体系，并持续强化信念，才是真正反脆弱的学习方法，也是增强自我效能的有效途径。

反复实践，持续收获正反馈

"纸上得来终觉浅，绝知此事要躬行。"其实，工作或者具体的事务只是一种载体，从罗伯特·迪尔茨"逻辑思维的六个层次"来看，它们属于下三层。对于我们而言，能够持续获得能量的前提就是投入进去，"但行好事，莫问前程"，这才是上三层的思考。

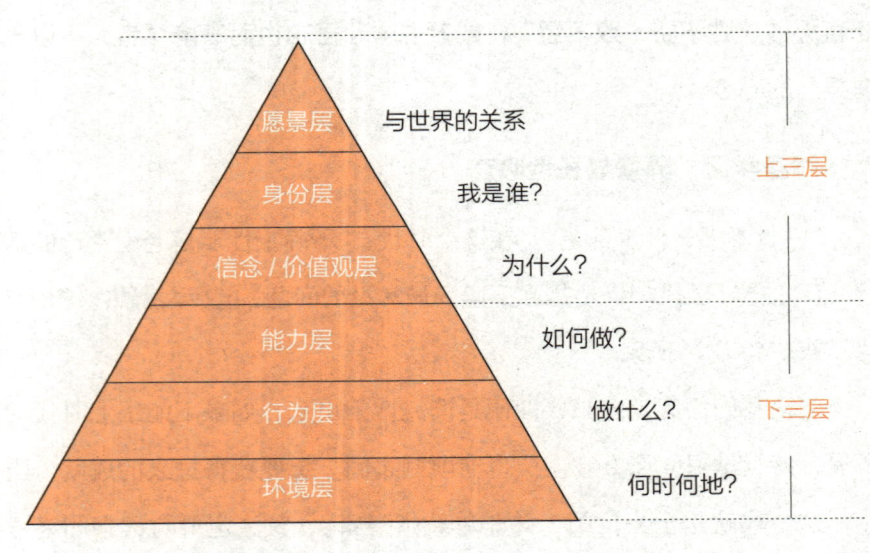

▲ 逻辑思维的六个层次

通过上下不同层次问题的有机互动，努力获得持续的正反馈，比你本身是否喜欢这个工作内容，要重要得多。而这些正反馈，有助于我们增强信念，进而增强自我效能。

从新手到卓越，本就是一个修行的过程，既修行内心，也修行技能，从而全方位提升自己。人生是个线性的过程，只要你全身心投入、再投人，信念就会得到持续的强化，自我效能也会被逐步增强。在未来的某一个时期，你定能享受"人生复利"的回报。

心怀坚定信念，思考特定情境，通过不断努力，激活自我潜能，最终心想事成。正如法国作家大仲马名著《基督山伯爵》那令人深省的结尾——人类的全部智慧就包含在这五个字里面：等待和希望！

知识探索 逻辑层次

罗伯特·迪尔茨是NLP（神经语言程序学，Neuro-Linguistic Programming）顶级大师，他把人的逻辑思维分为六个层次，从下到上分别为环境层、行为层、能力层、信念/价值观层、身份层与愿景层。一般情况下，低层次的问题在更高的层次中能够轻易找到解决方法，但在同层次或更低的层次中寻找解决方法，结果可能会不尽如人意或者因此产生更大的精力消耗。

拆掉思维的墙，不断刷新自我

> 唯一能让我们想出改变世界的新点子的途径，就是让思维跳出所有人头脑中固有的束缚。你必须在所有人给你设定好的限制之外思考，这就是苹果创新的秘密。
>
> ——史蒂夫·沃兹尼亚克

一行禅师的《佛陀传》广受欢迎，其中关于"觉悟"的理解有这样一段话：

我们通常都以为一片树叶只会在春天生长。但乔达摩却见到它久远以来已经存在于阳光、白云、那棵树和他自己。如果见到那树叶从未出生过，他也会见到他自己从没有出生过。树叶和他自己，两者都只不过是显现出来罢了——他们根本从未生过，也是永不可能灭亡的。有了这种彻悟，生与死、出现与消失，都一并溶解，而树叶和他自己的真面目便随之流露出来。他体会到任何一种现象的存在都有引致其他现象产生的可能性。单一之中包含所有，而所有也存藏于单一中。

成功策略：如何从新手到卓越

自我觉醒、开窍、顿悟……这些金子般珍贵的东西藏在我们兜兜转转的人生沟壑中，看起来，好似可遇不可求。对于普通人而言，我们可能终其一生都无法达到佛陀的"觉悟"境界，但要做到"拆掉思维的墙"就要容易得多。

如前文所说，盲目的重复积累很难获得长进，我们更需要实现思维的突破。这里不对思维做复杂的定义，而是就其内容、结构两部分展开阐述。打破思维的墙，一方面是增加对于自身有用的信息内容，另一方面则是实现思维结构的升级换代。借用计算机系统进行解释：为了提高电脑运行的速度，我们可能有多种方式，其中增加内存容量和升级中央处理器（CPU）便是其中两种常用的方式。内容扩容＝增加内存容量，思维结构的升级换代＝中央处理器（CPU）的升级换代。从这两方面入手，我们便能提高思维的宽度和深度。

如何拆掉思维的墙

拆掉思维的墙可以简单分为三步：第一步是放下执念，第二步是持续实践。这两步主要针对内容的增加；第三步是重新思考，这一步重点在于思维结构的换代升级。

▲ 三步拆掉思维的墙

放下执念，不做习惯的奴隶

哲学家培根在《习惯论》中说："思想决定行为，行为决定习惯，习惯决定性格，性格决定命运。"本书不讨论命运，但它讲述的这种逻辑也适于职场成长。

人类的大脑是按照心理学家称之为"重复受迫"的方式在运转，也就是说，**大脑是可以持续扩容的**，但如果大脑反复面对的是相同的视觉刺激，脑神经反应的程度便会下降。自然进化让大脑尽可能有效率地指挥身体，所以大脑只占人体质量的2%~4%，但消耗的能量却达到了20%~25%。为了发挥最高程度的想象力，脑神经不得不激发出最大的输出潜能。

所以，当我们形成了固有的思维时，我们就很容易陷入自我的执念，成为"习惯的奴隶",而这些习惯也许曾经一直引领我们走向成功。

柯达,曾是世界上最大的影像产品及相关服务的生产和供应商,在影像拍摄、分享、输出和显示领域一直处于世界领先地位。早在1975年,柯达的一位工程师就发明了数字相机。很多人都会觉得匪夷所思,数字相机这个把柯达公司搞到破产的技术,竟是柯达发明的。只是柯达发明了数字相机后害怕给胶卷市场带来冲击,就将整个技术雪藏了,一直没有发布新相机。

1981年后,索尼推动了数码相机的发展。直到1991年,在索尼、尼康等日本品牌产品的基础上,柯达才推出另外一款数码相机。但数码相机市场当时已经被其他厂商所占领,柯达持续走下坡路。到2012年,柯达倒闭的那一天,它的胶片工艺还是全世界最强的。

类似的例子还有施乐公司的鼠标、诺基亚的智能机、微软的平板电脑、中国移动的飞信等,所以《创新者的窘境》里面这样说:

当颠覆性技术出现的时候,很多原来的领跑者在这里都摔跤了。最讽刺的是,很多颠覆性技术是领跑者发明的。

也许你会说重大发明就意味着高投入与高风险,可事实上,在面对没有太大风险的日常工作时,我们同样容易陷入"以前就是这样的""别人这样做都对""我师傅就是这么告诉我的"的误区。这里,借用鲁迅先生的一句话共勉:"从来如此,便对么?"

在追寻卓越的道路上,时刻提醒自己放下自我的执念,这能够持续让你的思维扩容,并让你接受新事物。不让惯性成为生活的向导,是"拆墙"的第一步,迈出这一步才能推动自己持续从新手走向卓越。

持续实践，保持初学者的心态

乔布斯曾说过这样一段话：

拥有初学者的心态是件了不起的事情。初学者的心是空空如也的，它不像老手的心那样，饱受各种习性的羁绊，故步自封。初学者随时准备好去接受，去怀疑，并对所有的可能性敞开。如果我们只是坚持自己的看法，就会画地自限，就会跟意见与自己不同的人产生分歧和矛盾，就会制造痛苦，就会扼杀我们的创造性。

所以，乔布斯不认为是自己创造了苹果电脑（Mac），相反，他认为，苹果电脑之所以伟大，其中一个原因就是创造它的是一群音乐家、诗人、艺术家、动物学家和历史学家，而他们恰恰是世界上最好的计算机科学家！

由于现代分工过细，在工作中，我们常常受限于过去的经验和知识，很难有新思路、新想法。更为重要的是，现在是一个具有高度不确定性的时代，世界传达给我们的信息过于庞杂，我们经常会被困扰，找不到重点，深陷思维迷宫，却不能自拔。

这个时候就需要你的大脑有足够的信息支撑，能够让自身站在一定量的信息高度，从而"俯瞰"思维迷宫，也就更易走出迷宫。而**大脑的"扩容"，除了单向的听与看等方式的信息输入外，对于人类而言，主要来自实践**。实践是一个人成长过程中最主要的信息来源，人的认知活动是适应实践的需要，为解决和完成实践提出的问题和任务而产生的。实践还是人类认知发展的持续动力。"学，然后知不足"，人类的认知能力，是随着实践的发展而发展的。可以说，实践是检验认知正确与否的重要标准。

最后，实践本身就是一个人认知价值的实现过程，它能防止我们沉溺于空想。实践才能真正去改变、去改造不论是客观对象，还是主观自我。

从个体的角度来看，实践之所以重要，就是因为它让一次又一次的全新体验"轰炸"你的大脑，让每一次实践所带来的新鲜事物，为大脑扩容，促使感知的过程从过往经验的桎梏中抽离出来，从而持续"强迫"大脑做出全新的判断与思考，刷新自我。

重新思考，不断地刷新自我

大脑耗费的能量太大，所以总是难免想"偷懒"，但想获得更高的成就，就必须允许大脑异想天开，让自己具备发散性思维。即使只是一个普通的职场人，也完全应该拥有孩童的幻想、诗人的浪漫、音乐家的曼妙，甚至艺术家的"无中生有"。

微软公司的萨提亚·纳德拉，连续六年被评为"最被低估"的首席执行官（CEO）。从 2014 年上任后，他就将创始人比尔·盖茨制定的"让每个家庭、每张办公桌都有一台电脑"的使命改变为"予力全球每一人、每一组织，成就不凡"，并宣布免费升级 Windows 10 系统，这样大家都可以实现更好的云链接；明确办公软件（Office）可以上苹果手机，因此和苹果死磕的态势立刻改变了；强调微软与客户之间不光是买卖关系，更是共创（co-innovation）的伙伴关系。

如今，微软不仅是全球最大的软件集团，并且已经进化为以云计算、大数据、人工智能、机器学习等智能技术为支撑的全球性数字技术平台。

萨提亚曾说过这样一段话：

我们每天都要问自己：今天我在哪些方面保持着固化型思维？在哪些方面保持着成长型思维？作为一名首席执行官，我会认真细查我的每一个业务决定，看它是否有助于微软转向我们所希求的成长型思维。

在萨提亚的带领下，我们可以看到微软在持续"刷新"：以客户为中心，以初学者的心态了解和学习客户以及他们的业务，为客户提供卓有成效的解决方案；保持多元化和包容性，不仅尊重差异，还寻求差异，更张开双臂拥抱差异。只有这样，才能产生更好的创意、推出更好的产品，从而更好地服务客户。

从萨提亚带领下的微软我们可以看出，**作为个体，打破常规，"解剖自己"，持续升级自己的"中央处理器（CPU）"，不受单一个体、组织的束缚，在社会全局的视角下认识自己，你就可能从更高维度、更多维度找到解决问题的方法**。能够持续刷新自我，我们才能不再迷惑于斑驳繁复的表象，而是洞察事物的本质，从根源上解决问题。

本章前两节，我们从本体出发，强化自我效能以及打破思维的墙，但人作为社会性动物，身上始终交织着生命欲望与社会规约之间的冲突。尤其在职场中，有些问题不仅仅在于自身，更是两人甚至多方交互的结果。那么我们如何面对这些问题？

成功策略：如何从新手到卓越 **第2章**

直面问题，强化心智

人生好比一口大锅，当一个人走到锅底时，只要肯改变、肯努力，不论朝什么方向都是向上的，都会比现在的情况更好。

——锅底理论

我们在祝福他人时，总喜欢说"一帆风顺"，但成长的道路总会让人摔几个跟头，走一些弯路。

不论你处于刚入职场的懵懂时期，还是在瓶颈期中困惑不已，或者已成为管理者，正要面对更大的责任，我们总是在克服一个又一个困难中成长。有些困难来自自我，需要通过自我成长来克服；有些困难来自外界，需要通过与他人协同来解决。但不论如何，最重要的是直面现实。

勇于直面问题

"永远以积极乐观的心态拓展自己和身外的世界"。

为什么要勇于直面问题？人生的意义就在于历程，在这个过程中问题总是接踵而至。当你能有勇气坚强地面对人生中一系列问题的时候，你就能够持续地刷新自我，强化自己的心智；能够与时俱进，时刻保持创新务实；能够珍惜当下，尊重生命的意义。

在麦肯锡公司，"PMA"是经常会出现的一个词。所谓"PMA"，是"Positive Mental（or Mind）Attitude"的缩写。简而言之，就是无论面对什么情况，都要积极努力。因此在麦肯锡公司，人们会尽量避免使用消极的词语，比如"缺点""问题""短板"等，而倾向于使用带有积极色彩的词语，比如"挑战""克服的难题""成长进步"等。

保持积极的心态，内心足够强大，勇于直面问题，就是解决问题的开始，就是成长的起点，职业发展也会越来越顺利。

人生路上，谁是自己真正的敌人？毫无疑问，最大的敌人就是自己。王阳明曾说"破山中贼易，破心中贼难"，他尚且如此，对于平凡的我们更是如此。职场上也许没有真正的敌人，但那些你不想做的事情，那些阻碍你成长的问题，以及总是有限的资源，就是你的敌人，就是你要直面并克服的对象。所以，**解决问题的第一步就是，你能够正视它。**

"物不经冰霜则生意不固，人不经忧患则德慧不成。"直面问题，能够与困难正面交锋，把自己逼向极限，保持这样的精神状态就能击破很多固有的成见，催生更大的成果。在职场上，当你越逃避一些事情时，你就越会发现它的存在，并且它有可能像滚雪球一般越滚越大。所有的事情只有我们面对，着手准备解决，才能慢慢有所改变。更进一步来说，我们可以将问题视作机会，相较于一帆风顺的道路，每一个问题的出现都能帮助我们更好地成长。

把主动权掌握在自己手里,当发现问题存在时,就勇于直面问题吧。勇敢并坦诚地面对现实,担当并对最复杂的问题负责,向失败学习并总结经验教训,这些都是职场最大的勇气和最珍贵的品质。

能够解决问题

相较于勇于直面问题,能够主动解决问题是进一步的提升。一个维度的问题,要到上一个维度里才能寻找答案,而**解决问题就是促使自己实现"升维"**。在职场上,每个人遇到的问题本质上是相通的,关键是你要具备解决问题的能力,从更高维度上找到解决问题的方法。

一个著名的案例是苹果公司的前 CEO 史蒂夫·乔布斯。在他领导苹果公司期间,面临了许多关键挑战,例如数字音乐市场的盗版和侵权问题、移动通信领域的技术和用户体验的发展需求,以及个人电脑领域对更轻薄、便携且易于使用设备的追求。当时,苹果公司的市场份额一度下滑,产品创新速度也不及竞争对手。乔布斯意识到,苹果公司需要重新定位并采用创新的方法来重新夺回市场领先地位。

乔布斯不仅直面挑战,而且以独特的视角思考解决方案。他将苹果公司的创新重心放在用户体验、设计和生态系统整合上,而不仅仅是提升硬件功能。他的团队采用了跨界整合的策略,将音乐、通信、互联网等不同领域的技术和服务融合到苹果产品中,为用户带来革命性的创新和全新的数字化生活方式。因此,iPod、iPhone 和 iPad 等具有划时代意义的产品诞生了。

这种从更高维度解决问题的方法使得苹果公司成为全球科技行业的领先者之一。乔布斯的案例给予年轻人以下几点启示：

启发心智 从更高维度解决问题

直面现实。要认清自己的局限性和公司所面临的问题，只有正视现实才能找到解决问题的方法。

考虑多方面需求。乔布斯的解决方案更加关注用户需求，从用户体验的角度出发解决问题。用户体验是提升产品和服务价值的关键，通过提供独特和优质的用户体验，可以在市场上取得竞争优势。

善用方法。要善用方法，追求综合解决方案。从更高维度考虑问题，不仅要考虑单一领域的解决方案，还要思考跨界整合的可能性。通过整合不同领域的资源和技术，可以实现更加综合和创新的解决方案。

坚持创新精神。乔布斯始终保持创新精神，并不断推动苹果公司向前发展。年轻人要有勇气面对挑战，勇于创新，并持续提升自己解决问题的能力。

身在职场，并非要我们一开始就去挑战最艰巨的任务，一战成名。解决问题，可以一步步来，从小问题开始，日积月累，持续提升自己的认知模式，形成高维的逻辑方法，直至最后的成功。问题不可怕，关键在于你如何应对和解决它们，这将决定你在职场中的成就和影响力。

成功策略：如何从新手到卓越

用对方法，实现跃迁

在手里拿着铁锤的人看来，世界就像一颗钉子。

——《人际交往的构造》

在成长的道路上，确定目标后，只要沿着正确的方向前行，总会更靠近目标；但倘若方向不清或者方向错误的话，只能多走冤枉路，甚至"南辕北辙"。所以，强化自我效能，打破思维边界，勇于直面现实，都是从新手到卓越的关键要素，但如何才能将三者有机结合，达到事半功倍的效果，关键还在于用对科学的思维方法。

科学的思维方法必须明确两个基本问题：思维对象和思

▲ 从新手到卓越的关键要素

维过程。这里,我们不妨借用麦肯锡公司的三大理念"以事实为基础、严格的结构化、以假设为导向"作为思考框架。科学的思维方法的前提是以事实对象为基础,在这个过程中对事物进行科学严谨的解构分析,并能够以终为始得出事物本质的方法。

"战术千万条,敢打第一条",方法很多,但尊重事实是职场发展基础中的基础。所以,我们先从事实入手。

以事实为基础,持续自我更新

我们常说"事实摆在眼前",事实可以弥补直觉的缺陷,可以提高可信度,但要以事实为基础,却不是件那么容易的事。很多人甚至会主观地否认客观事实,尽量逃避或者不让上下级看到不愿看到的事实。

"太阳底下没有新鲜事",职场中的很多问题都有过类似的先例。有些可以直接被找到,有些会以不同的形态呈现,但内在逻辑是一致的。所谓以事实为基础并不能单纯地理解为"眼见为实",更重要的是如何养成以事实为基础的思维习惯,从而实现自我跃迁。

日本著名企业家稻盛和夫有一个观点:现场有神明——物品制造的原点在生产现场,销售的原点是同客户接触。发现问题时,首先就要回到现场。脱离现场,在办公桌旁空谈理论,解决不了问题。

稻盛和夫刚开始工作时也很迷茫,看着身边的伙伴一个个离职,他也想过逃避。在亲人的鞭策下,他比别人多了一份坚持,并在研究新型陶瓷"镁橄榄石"这一项目上实现了自我突破。

烧制"镁橄榄石"的粉末非常松脆,无法烧结成型。年轻的稻盛和夫不分昼夜，苦思冥想，反复试验，但仍然得不到最好的结果。有一天，他进入实验室的时候偶然被松香树脂的罐子绊了一下，差点儿摔跤。正当他准备抱怨时，他突然豁然开朗："就是它！"稻盛和夫用松香树脂当黏合剂成功解决了成型的难题。而在当时，世界上只有美国通用电气公司解决了这个问题。稻盛和夫的公司也因此接到了松下公司的大量订单，起死回生。

稻盛和夫把这次偶然的发现称为"神的启示"。他还说："即使在苦难当中，只要拼命工作，就能带来不可思议的好运。冬天越寒冷，樱花就开得越烂漫。苦难和挫折是神赐予我的最好的礼物。"结合稻盛和夫的案例，我们稍作总结：

首先，最重要的事实来源于现场，来源于亲自实践。日常工作中，要善于总结复盘。作为新人难免犯错，这并不可怕，关键在于在每一个项目或者阶段性工作之后都能做好总结反思，持续沉淀，如此才能够更有效提升自己。

其次，与优秀的人共事。绝大部分人受环境影响很大，尤其是负面情绪，更容易传染。与优秀的人在一起，在一个做事逻辑性很强的团队里，相互学习、借鉴，就会养成更为优秀的做事习惯。

再次，不要安于现状。职场人往往受限于收入、工作性质及其难易度等。待在舒适圈，是不可能养成以事实为基础的思维习惯的，相反，你看到的就只会是你想看到的，而能解决的更只能在有限的范围。

最后，能够持续反省自己理解能力的局限性。怀疑我们所知道的一切，而又对未知的事物保持好奇心。尤为重要的是，在信息化时代，还

有一类事实就是"数据",所以我们还需要拥有一种特别重要的能力,就是能够基于数据进行分析,持续更新观点。

严格的结构化,强化逻辑思维能力

此处强调的严格的结构化,是指在面对问题时,严谨地以一定的范式、流程、顺序进行解构,寻找对策,制订行动计划。简单而言,就是一种思维方式,针对特定人群,我们还可以进一步将其简化为一种思维模型。

> **知识探索 多元思维模型**
>
> 在《穷查理宝典》中,查理·芒格屡屡提到一个影响他生活、学习和决策的思维方法,这个思维方法建立在"多元思维模型"的基础之上。他提倡要不断地学习众多学科的知识,比如历史学、心理学、生理学、数学、工程学、生物学、物理学、化学、统计学、经济学等,以形成一个思维模型的复式框架。据称,只要信息得到正确的收集和组织,他的多元思维模型便能提供一个背景或者框架,使他具有看清生活本质和目标的非凡洞察力。

拥有正确的思维模型,可以持续地提高工作效率。正如前文所强调的,我们需要以严谨的范式流程去解构。有些思维模型框架可能会比较生硬,它可能在某种程度上限制你的创造性和可能性,但它却能帮助你更高效地完成日常工作。

这里还需要特别强调的是，各类模型背后的逻辑思维能力。思维模型的形成基于逻辑思维能力，而用这些思维模型来解决生活和工作中遇到的各种问题也需要逻辑思维能力。如果你只有一种思维模型，你就只能用这一种思维模型来解决问题。如果你不能具备内化的逻辑思维能力，你就很难活用各类思维模型。这样，就像你手里只有"锤子"的时候，世界都像一颗"钉子"。

大部分公司需要能够持久胜任并且能够持续稳定输出结果的人，他们具备的很重要的一项能力就是逻辑思维能力。即便是创意性的工作，它也需要辅以逻辑思维，以标准化和系统化的方式操作。正如我们看到的好莱坞电影"工厂"——正是具备这种结构化的生产能力，所以，它总能源源不断地输出令观众为之倾倒的作品。

以上这些，对于一位新人而言至关重要。

以假设为导向，让大脑与世界"联机"

雷军创办的小米公司从一开始就坚持"为发烧而生"的设计理念，将全球顶尖的移动终端技术与元器件运用到每款新品，而小米手机正是以超高的性价比及其文化赢得了广大"米粉"的青睐。吸引人们购买的不是"你是做什么的"，而是"你为什么这么做"。《参与感》一书详细介绍了小米公司让"米粉"参与整个小米手机发展过程的事。小米公司给予了用户很多的尊重，让用户更好地明白"为什么而做"。小米公司的做法其实参考了著名的"黄金圈理论"。

知识探索 黄金圈理论

"黄金圈理论"形象地把人们认识事物的过程用代表不同层次的三个同心圆进行表示:最里面的一层是"为什么(Why)",中间一层是"怎么样(How)",最外面一层是"是什么(What)"。这三者的区别不是难易程度的差异,而是思考方式的不同:打破我们"看到什么就是什么"的惯性思维。

黄金圈理论

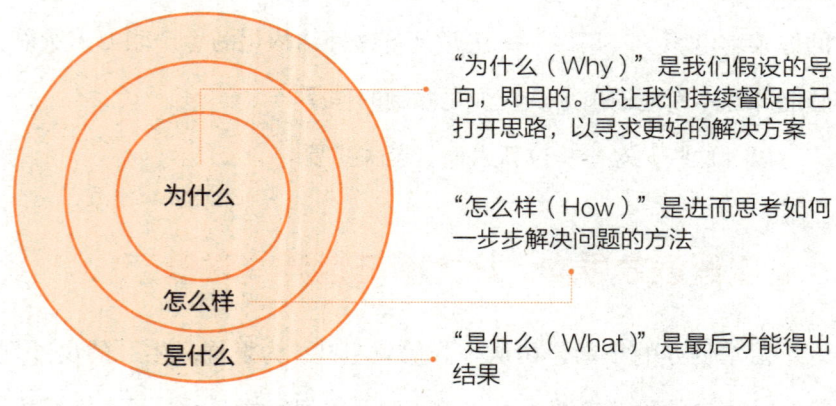

▲ 黄金圈理论

基于黄金圈理论,我们进一步思考如何以终为始,培养由内而外,驱动自己不断进步和成长的能力。

从"为什么(Why)"出发,有了本质的思考,再去实现"怎么样(How)"的分解。采取什么样的行动计划,其实就是"大胆假设,小心求证"——大胆假设是前提,小心求证是方法。

当然，大胆假设不是信口开河，现在是信息爆炸的时代，要在众人之中脱颖而出，一个很重要的能力就是比别人更快地收集到重要的信息，然后从中解读出对自己有利的部分，以更好地制订行动计划。

职场新人在接到一项任务后的做事逻辑

先设定一个目标（假设结论），然后基于目标去搜集信息。这样容易发现被我们忽略的细节。在分析之后，假设结论正确，就进一步收集更多的信息。这个过程可以借助领导、前辈，也可以借助互联网、书籍。当然，也可以用所处环境的事实去验证假设。最后，基于假设及充分的信息形成切实的行动计划并付出全部努力，这时你所设定的目标就会越来越清晰。

当然，在"大胆假设，小心求证"时要特别注意一点：我们总是很容易陷入自己的假设中，下意识地认为假设是成立的，导致在分析时难以做到客观，甚至会有意无意地忽视与假设相矛盾的信息，并过分强调支持假设的信息。如果不注意这一点，"大胆假设"往往就成了我们常说的"拍脑袋决定"。

至此，本书前两章整体介绍了能够帮助我们从新手小白到卓越的一些基础概念，希望与大家达成一定的共识。接下来，我将会和读者一道寻求和积累更多的实践工具，建立自己的多元思维模型和应对招数，从而在遇到更多复杂的问题时，能够有效匹配更好的解决方法。

卓越者思维

- 一般情况下，低层次的问题在更高的层次中能够轻易找到解决方法，但在同层次或更低的层次中寻找解决方法，结果可能不尽如人意或者因此产生更大的精力消耗。

- 人类的大脑是按照心理学家称之为"重复受迫"的方式在运转，也就是说，大脑是可以持续扩容的，但如果大脑反复面对的是相同的视觉刺激，脑神经反应的程度便会下降。

- 大脑的"扩容"，除了单向的听与看等方式的信息输入外，对于人类而言，主要来自实践。

- "PMA"是"Positive Mental（or Mind）Attitude"的缩写。简而言之，就是无论面对什么情况，都要积极努力。

- 解决问题的第一步就是，你能够正视它。

- 麦肯锡公司的三大理念：以事实为基础，严格的结构化，以假设为导向。

- 大部分公司需要能够持久胜任并且能够持续稳定输出结果的人，他们具备的很重要的一项能力就是逻辑思维能力。

第3章

目标驱动：刻意练习的前提

想要通过刻意练习成就卓越，首先要有目标，且要有有效的目标，并且能够高效地分解执行目标。

本章将探讨如何应对树立目标后的第一个敌人——拖延症；如何定义目标；如何制定有效的目标；以及如何拆解目标。成就卓越的道路上，我们总要迈出第一步，而目标就是关键的第一步。

你立下的目标达成了吗

> 明日复明日,明日何其多。我生待明日,万事成蹉跎。世人苦被明日累,春去秋来老将至。
>
> ——《明日歌》

近年来,一句广为人知的流行语"你立下的 flag(目标)达成了吗"引发了人们对自身行为的反思。调查数据显示,我国有 80% 的大学生和 86% 的职场人士患有拖延症。尽管他们本可以提前完成工作,却习惯于在最后期限迫近时匆忙应对。更为严重的是,如果事情一再被推迟,个人的压力会逐渐增加,结果陷入恶性循环,让焦虑成为常态,最终导致"万事成蹉跎"。拖延症的覆盖率如此之高,到底是为什么?

人性的弱点:哪些原因导致拖延症

抛开数据不说,我们每个人或多或少都有推迟一些事情的经历:有些纯粹是因为懒惰,有些可能是因为意志力薄弱,有些也许是因为自信心缺乏，当然也有可能是心存侥幸。总之，这似乎成了一个普遍的人性弱点。

有拖延症的人常常会有如下的表现：

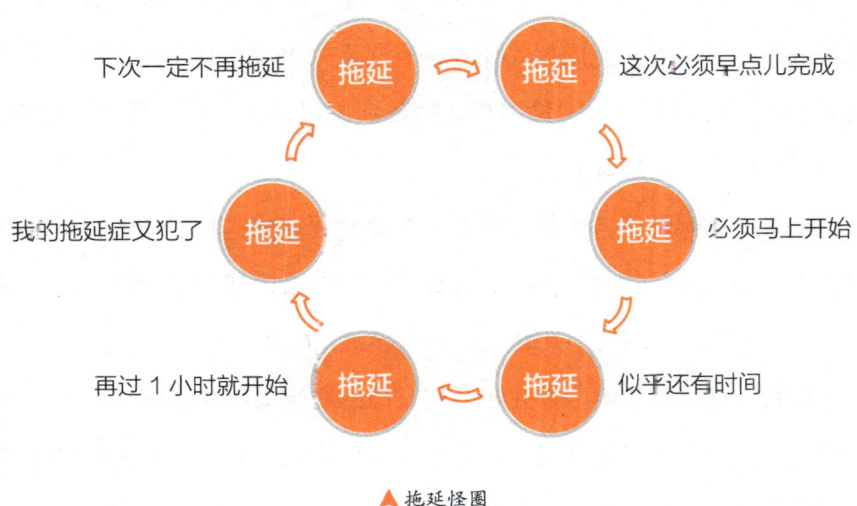

▲ 拖延怪圈

很多人对拖延症深恶痛绝，甚至为此赌咒发誓，制订计划，但在下一次任务开始时，很可能又踏入这个怪圈。我们不得不感叹，"人不能两次踏入同一条河流"，但拖延症患者能多次"踏入"同一个怪圈。

患上拖延症从根本上说不是因为能力的问题，也不是因为时间的问题，大部分时候是源于心理问题，其表现为行动力缺失、自我时间管理缺陷、目标感缺乏、自信心不足等。那么，都有哪些原因导致拖延症产生？

首先，从认知心理的角度来看，低自尊是拖延症的一大诱因。低自尊是我们对自己的负面自我信念和自我评价。当个体能力有限时，为了维持自尊，宁愿表现出不做这件事情，或者临时做，而不愿在充裕的时间范围内完成。还有一种可能，就是拖延症源自内心冲突，而很大一部

分人不愿意面对，甚至刻意逃避冲突。所以，拖延就成了维持自尊、降低冲突、缓解焦虑而采用的自我保护的心理策略。

其次，从行为主义的角度来看，拖延是一种习得性习惯。有些人必须通过外力压迫才能完成相关任务，有些人则沉浸于体验到愉快的活动或者因为奖励而形成习得性习惯。拖延症所赋予的"正向反馈"越多，个体越容易产生拖延行为。

再次，从客观任务的角度来看，个体对要完成的某项任务有反感心理。不论是因为单纯的反感，还是认定过程中会遭遇很多困难，或者对结果不抱有期待，感受不到意义，都将导致拖延症。

最后，有调查表明，婴儿时期与父母的联结关系会影响一个人之后的行为。那些婴儿时期被父母忽视或无缘由责骂的孩子，长大后更容易表现得不自信，也更容易产生拖延问题。

所以，拖延症可能不是某种确切的"病症"，但它对个人成长的危害不容忽视。《心理科学》用长达20年的研究证明，拖延症会影响工作质量和降低人的幸福感。很多具备充分条件的人不能成功，往往就是因为资源都在拖延中被消耗殆尽。如果不拖延，他们可能收获的就是另外一种人生。

拖延症的"良药"：行动

拖延症导致事情不能如期进行，从而引起自信心不足、内疚自责等心理问题，更严重的还可能引起焦虑、抑郁等问题。曾经的世界首富、微软创始人比尔·盖茨，也曾是一个有着严重拖延症的人。

目标驱动：刻意练习的前提

大学期间，比尔·盖茨喜欢告诉别人自己什么工作都没做，什么课都没有上，什么事都不在乎。只有到了最后时刻，比如考试前两天，他才会开始认真对待学习，但结果总让他"狼狈不堪"。比尔·盖茨说："没人会因为我在最后一分钟做完事情而赞扬我。"

其实，跟拖延症做斗争最好的方法就是立刻行动起来，制订严格的执行计划，然后在确切的时间里考量自己在做的事情是否会产生效益，如果没有，就直面结果，立即改正去做更有意义的事情。

卓越者工具箱

对抗拖延症的有效方法

详细的计划。行动是解决拖延症的良药，制订详细的行动计划，强迫自己按照计划行事。更早行动，就能更好地完成任务；越快开始，就能越快摆脱焦虑心理。

明确的目标。很多人将自己要完成的事情想当然地理解为目标，其实这样的"目标"只是个模糊的概念，要么缺乏时效性，要么不具备激励性。当我们基于事件重新确立目标后，对未来的结果就有了一个相对清晰而具象的感受，而这个目标将给予你身心刺激，让你的视线和心理都有清晰的方向，这时你就有了紧迫感，会产生更强、更坚韧的执行力和行动力。

迈出第一步。虽然说解决拖延症最好的办法是要有严格的执行计划，但是关键中的关键则是你要迈开第一步。计划未必都是完美的，当你制订好计划后,先不论结果,迈出第一步。比如告诉自己,就先做 5 分钟。有时候有些步骤是无用的,可能还会浪费一些时间,但是,这比光在脑袋里面转有效率得多。所以,不管三七二十一,先动起来。

阶段性奖励。有了第一步后,在你的行动计划中,一定要设置一些可触发的节点,并且这些节点要尽可能地容易达成。针对目标,不要把周期设置得太长,可以分 3~4 个阶段设置阶段目标,有相应的完成时间,以及达成目标的"奖励"。前面提到从做 5 分钟开始,这个阶段,你可以按照人类最有效能够集中注意力的时间——25 分钟来推进。设置阶段目标的好处是,它可以帮助一些人克服对最后结果的恐惧。很多人拖延,其实就是不愿面对最后的结果,即便是个成功的结果。设置阶段目标还有一个好处,就是让自己保持对目标的热情。"哀莫大于心死",对目标缺乏热情的人其实也是这种表现。设置阶段目标,不断给予自己刺激,让自己具备更好的精神状态,从而产生持续的动力。

勇于直面结果。很多人害怕看到最后的结果,所以拖延,这其中有害怕成功的结果的,但更多的是对失败的恐惧,也就是所谓的"鸵鸟心态"。因为不愿意面对现实,所以宁愿将自己的头埋在"沙子"里,对于这一部分人而言,这个沙子就是"拖延症"。他们通常认为只要拖着,不面对最后的结果,总是好的。真的勇士敢于直面现实,而这也是克服拖延症的一种表现。"永远不要放弃胜利的信念,同时也要面对残酷的现实。"

乔布斯说:"在人生的前 30 年里,你培养了习惯;在生命后的 30 年里,习惯塑造了你。"所以,能够克服拖延症,将是人生前 30 年里培养的最好习惯之一。当然,即便你超过了 30 岁,如果马上开始,这仍是最好的时候。

目标驱动：刻意练习的前提

如何定义明确的目标

> 对于一只盲目的船来说，所有方向的风都是逆风。
>
> ——英国谚语

很多成功人士都会推荐年轻的朋友阅读名人传记，甚至认为，即便不是名人的传记，只要能"自圆其说"，也都值得一读。当我们阅读这些传记，研究他人成功的秘诀时，我们很容易发现，他们每个人都有自己明确的目标，而且严格专注于自己的目标并付出最大的努力去实现。对于普通人而言，要想卓有成效，定义明确的自我成长目标是大前提。

明确目标的重要性

瑞·达利欧在他的《原则》一书中讲道，获得成就有五步流程：

> **知识探索 瑞·达利欧五步流程**
>
> 1. 有明确的目标。
> 2. 发现问题,并且不要容忍问题。
> 3. 诊断问题,找到问题的根源。
> 4. 设计能够解决这些问题的方案。
> 5. 做一切必要的事情来践行这些方案,实现成果。

是的,第一条就是"有明确的目标"。

作为职场小白,我们很容易"被安排",自觉或不自觉地陷入按部就班的计划中,甚至将这种计划理解为理所当然。越是大的组织,平台模式的作用力就越大。而面对一些被动的结果,我们不能有效分析,有时也会将组织的成果认为是自己理所当然的努力所得,一旦组织惯性失效,自己就容易变得茫然,并由此产生自我怀疑、否定,甚至一蹶不振。

所以,**身处职场,特别是刚起步的阶段**,更要明白,所有成长、财富和物质的获得,都要先树立清晰且明确的目标;当目标的追求变成一种执着,当你全力以赴时,全世界都会为你"开绿灯",让你朝着这个目标前行。

一个有目标的人比没有目标的人对自己更满意、更有耐力,也更自信,并且能够更好地面对挑战和困难。而如果没有职业目标,就容易产生职场倦怠,时常觉得工作没劲。当你明确了自己的目标,你所做的点点滴滴都在为目标"添砖加瓦"。每向自己的目标靠近一步,就会由内而外地获得喜悦。

我们在自我评估时，常常会与他人做横向对比，也会与自己的过去做纵向对比，将现状与自己的目标对比。三种方式一定要结合起来，因为横向对比往往使人对自己产生不自信等各种负面情绪；与自己的过去对比使人眼界狭窄容易满足；而与目标对比，则能弥补前两者的不足，保持一个人前进的动力。

那么，对于普通人而言，如何定义明确的目标呢？

如何定义明确的目标

不同的人有不同的方法，也有不同的维度。著名管理专家及畅销书作家吉姆·柯林斯认为：如果某件事你做起来特别有热情，而做这件事你又很有天赋，并且你所做的事能给他人带来价值，那么，这件事就应该成为你专注的人生目标。

▲ 吉姆·柯林斯专注的人生目标

其实，这和李善友教授提出的"三环模型"很相似。不过在李善友教授的模型中，"热情"被换成了"喜欢"，"天赋"被换成了"擅长"，或许，这更符合本书的主旨。热情来自你喜欢这个事物本身，而通过刻意练习，你可以逐步培育自己所擅长的领域，而非与生俱来。

如果你现在只有一个或者两个维度符合，那建议你继续寻找。如果

▲ 李善友专注的人生目标

你只做那些你能做到最好的，但你却不喜欢、毫无热情的事，那么这些事一方面不可持续，另一方面你容易沉溺于自己的舒适圈，毫无成长。如果你做的事自己喜欢，也有能力完成，但对别人没有用，尤其是在组织中，绝大多数的工作是协作完成的，而你所做的事对他人毫无意义，那结果也就可想而知。如果你有自己喜欢做的事情，也是组织所需要的，但你现在还不具备相关的能力（比如很多人希望成为管理者，但却忽视了管理者所承担的责任以及要具备的能力），那你就得积极成长，更好地实现自己的"三环合一"。

讲到这里，很多人会认为职场大多数时候身不由己，很难同时凑齐这三个因素。如果你只是从当下切入，那么这样的问题很可能是存在的。但职场从来不是一天、两天的工作，而是需要你具备长期主义的精神，然后逐步获得职场的"复利"。什么是职场复利？这里套用经济学的"复利效应"：当一个人选好"对"的路，并为之坚持，最终产生的积极影响将是 1+1>2 的结果。另外，多说一句，对于职场新人，大多数时候，首先培养的都是能力。

华为的一个新员工，刚到华为时，就公司的经营战略问题写了一封"万言书"给任正非。任正非批复："此人如果有精神病，建议送医院治疗；如果没病，建议辞退。"此事极具八卦性，但不无道理。

目标驱动：刻意练习的前提 第3章

在华为《致新员工书》里面有这样一段话："要有系统、有分析地提出您的建议，您是一个有文化者，草率地提议，对您是不负责任，也浪费了别人的时间。特别是新来者，不要下车伊始，动不动就哇啦哇啦。要深入、透彻地分析，找出一个环节的问题，找到解决的办法，踏踏实实地一点一点地去做，不要哗众取宠。"

所以，如果进一步定义目标，那么对于职场新人而言，首要的目标是基于本职工作，持续学习，最后做到胜任本职工作，而不是把精力放在自己可能还一知半解的宏观战略方面。其实，**企业管理是个复杂的系统，作为一名新员工，对企业没有深刻的理解，很难提出合乎实际的建议**。而这也恰恰提醒我们，当你觉得自己有天赋使命时，不妨先回头反思一下自己的能力是否具备，他人又如何看待这件事情。

一个人最终价值的实现是在一个个具体明确目标的实现中体现出来的。所以千万不要小看职场的第一步，这其实也是"扣好职场的第一粒扣子"。

人生价值的实现过程犹如攀登高峰，如何才能最终到达顶峰呢？答案只有一个：一步步往上爬。这就像亚马逊的飞轮效应一般，职场发展的过程也是在持续地推动一个巨大的、沉重的飞轮。当你朝着既定的目标努力时，你做的事情越多，飞轮的动能越大。

这就引出我们下面要探讨的问题，即普通人如何制定有效目标。

普通人如何制定有效目标

> 一个人想要成功，就要把目标放低，定在只要稍微超过自己能力范围的一点点即可。
>
> ——查理·芒格

有人问查理·芒格如何实现理想化的高复利收益，他的答案很简单：降低预期。只有预期符合实际，才不至于抓狂，才有可能保持理智。对于普通人而言，受到主客观各方面条件的限制，更需要科学、慎重地对待目标，制定有效的目标。

人们容易对自己的行为有即时、浅层次的反思，但对于深层次的解决方法，大部分人缺乏决心以及行动力。所以，如何制定有效目标就成了关键动作。有效目标能够让一个人持续不断地看见进步的信号。

多维度出发制定有效目标

每个人都渴望成功，基于对美好未来的憧憬，我们常常容易受到别目标驱动：刻意练习的前提  第3章

人完美案例的误导。作为旁观者，很多人常常认为别人的成功好像都是理所当然的，希望自己能够参照对方，在短时间内完成目标的确定及达成；而一旦不能实现，则陷入自我否定，而后丧失目标。所以，如查理·芒格所说，我们要"把预期放低"，因为一个合理的期望值，将更好地激励自我前行。

制定有效目标的具体方法

制定有效目标，既要考虑时间维度，也要考虑自我的期望程度，同时还要考虑实践的有效性。

第一，要有清晰的方向。清晰的方向，在职场上尤为重要，简单来说就是知道自己为什么而做并思考怎么做，还有最终要做成什么样。找到方向就等于找到了自己职场奋斗的目标。这个方向看起来简单，其实并不容易找。或许有人会将方向定为收入更高、更好的职位，但这只是表象。企业存在要有生存的意义，在职场中也需要明白自己为什么而努力，这个方向应该是科学的、切实可行的。

第二，要有长中短期目标。时间维度是衡量很多目标是否科学的最基本维度。基于时间，我们可以针对自己的能力、职位、收入、人际关系等制定一系列具体而明确的目标，并最终形成一个交集。职场成长的直观体现是职位、收入，但内在体现的却是个人能力、人际关系、资源积累等。

第三，目标要可衡量。不论长中短期的目标如何，都需要我们通过行动不断印证它们是否合理。只有目标可衡量，我们才能清楚自己的行进速度和与目标的客观距离。有明确和可衡量的点，行动的动机就会得到维持和加强，人就会自觉地克服一切困难，努力达到目标。明确的目标会引领你持续向成功迈进。

山田本一是日本著名的马拉松世界冠军。当被问及成绩如何达成时，山田本一总是回答"凭智慧战胜对手"。山田本一在自传中写道："每次比赛之前，我都要乘车把比赛的路线仔细地看一遍，并把沿途比较醒目的标志画下来，比如第一标志是银行，第二标志是一棵古怪的大树，第三标志是一座高楼……这样一直画到赛程的结束。比赛开始后，我就以百米的速度奋力地向第一个目标冲去；到达第一个目标后，我又以同样的速度向第二个目标冲去。40多千米的赛程，被我分解成几个小目标，跑起来就轻松多了。如果一开始就把目标定在终点线，跑十几千米的时候就疲惫不堪了，因为我被前面那段遥远的路吓到了。"

第四，从能力出发，做力所能及的事。在制定有效目标时，要知道自己拥有什么资源，譬如地位、金钱、人际关系，这些都可以综合为"能力"。每个人都具有独特的能力，有些能力可能在你进入职场前就已经有了沉淀，比如个人的习惯、为人处世的方式、逻辑思维能力。相应的，这些能力会形成每个人与众不同的心理特点。正确了解自己的能力，将自己的优势更好发挥，通过团队、组织弥补自己的短板，可以更好地帮助我们实现每一个具体的目标。

综上，有效的目标不是一个主观的"我想"的结果，也非单纯的结合"我能"的因素，还需要和客观的时间维度、他人作用等结合。

上述四点并没有绝对的顺序可言，你可能先判断自身的能力和资源，然后开始寻找适于这些资源的目标；也可以基于时间维度，制定周期更短的阶段目标，并在这个过程中，有选择性地创造一些资源。在朝着目标方向坚定前行时，基于时间和客观因素，你必须有技巧地提高或降低目标。当然，有时候这也需要一些"运气"。

专注目标也是有效目标的一部分

以上更多的是从制定有效目标的角度来阐述，但明确目标只是制定有效目标的第一步，一个完整的有效目标还应该包括持续专注地践行，以及由此带来的复盘纠偏。所以，对于很多人而言，制定一个科学合理的目标并非难事，难的是如何长期专注地向既定的目标前行。

当牛顿被问到为什么能够对物理和数学做出这么大的贡献时，他的回答是"心无旁骛"。

毫无疑问，专注于自己的目标，是完整目标不可或缺的部分。专注目标可以让我们对方向更笃定，让内心充满前进的动力，也促使自己持续为目标付出汗水和努力。当你也能心无旁骛地向自己的目标前进时，你其实不用时时刻刻想着目标是什么，你的目标会反过来靠近你。

日常工作中，很多人给自己制定目标，但之后就将其束之高阁。一个周期的目标，容易被推迟到下一个周期；项目目标，等项目结束时才会被关注；年度目标，也许只体现在了年终总结中；遇到问题，则容易轻言放弃，或者一山望着一山高。很多人之所以没有成就，就是因为不能专注目标，不能为自己的目标付出最大的努力。

当然,这部分同样有一些关键词来确保你专注于目标,包括实事求是、分清轻重缓急、持续迭代反馈等。

专注目标的有效方法

首先,实事求是地对待目标以及追寻目标过程中遇到的问题,这在任何时候都是一个基本立足点。人的认知和行为是一致的,在职场更是如此。对于自己的目标,要更诚实,坚持实事求是,这样成功的概率就会大大增加。

其次,个人的时间、资源、精力等永远都是有限的,也一定有很多身不由己的情况,所以,朝着目标前进时一定要分清轻重缓急,也就是要学会拆解目标。

再次,持续迭代反馈。围绕目标,你的行动就是一个迭代的过程,促使我们更好地向目标迈进;同时,行动会带来自我和客观的信息反馈,而这正是一个修正目标的依据。

小米公司的创始人雷军说,人一定要有梦想,有了梦想之后,还要能一步一步地付诸实践,要给自己设定一个又一个可行的目标,再加上长时间的坚忍不拔。看五年,想三年,认真做好一两年。

所以,我们必须再三强调,专注于目标,坚定执行,本身就是制定有效目标的一部分,而且是非常重要的一部分。所以,在本章的最后一节,我将会和大家一起探讨如何拆解目标,以有助于我们更好地专注、执行。

目标驱动：刻意练习的前提 第3章

卓越者都具备的目标拆解能力

人活着要有生活的目标：一辈子的目标，一段时间的目标，一个阶段的目标，一年的目标，一分钟的目标。

——列夫·托尔斯泰

正如列夫·托尔斯泰所说，人活着要有生活的目标，一个比较有参考性的说法是，从23岁到65岁这个阶段，人在"职场"每7年就会有一次机会，总计6次机会，而这些机会可能涉及事业、成长、经验、资源等方面（当然，随着人均寿命的延长，这样的机会也会增加）。所以，能够拆解目标，是人生迈向成功的很重要的一种能力。本节重点和大家一起探讨几个简单实用的目标拆解工具。

美国前总统克林顿在自传《我的生活》中写道：

法学院刚毕业时，买了本《如何掌控自己的时间和生活》。该书的主要观点是，我们必须列出自己短期、中期和长期的生活目标，按其重要程度进行分类，例如A组最为重要、B组次之、C组第三，等等。然

后，在每一个目标下列出实现这些目标的具体行动。这本简装书我依然保留着，距今已近30个年头。

通过克林顿的这段话，我们可以想象，自从他16岁立志要做政治家开始，他就没有让"人生愿景"停留在幻想中，而是依托自己的努力及家族资源，不断制定清晰明确的阶段目标，一步一步分解落实。

作为普通人的我们，又该如何分解呢？

OKR管理法

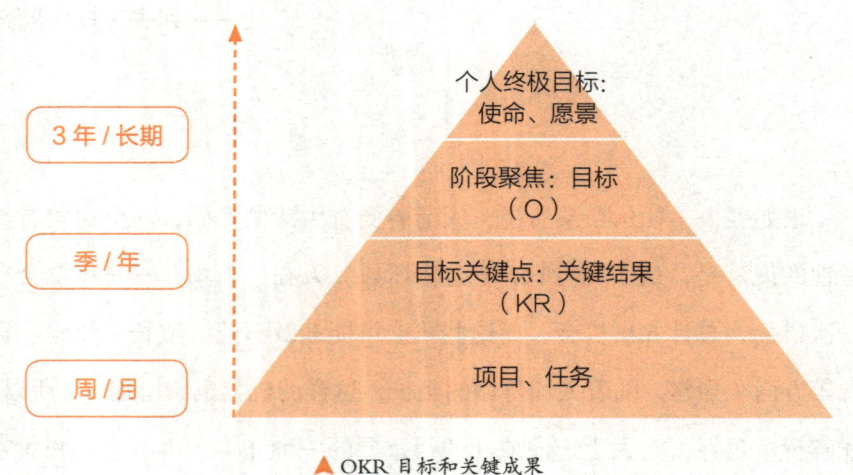

▲ OKR 目标和关键成果

目标（O）是定性陈述，关键结果（KR）是定量的。

目标（Objectives）：设定方向。 思考清楚我们想做什么？目标（O）有三个要求，即明确具体、挑战艰难、吸引驱动。关于目标的设定，前文已经说得比较多，这里不再赘述。

关键结果（Key Results）：明确标准。哪些关键结果证明你实现了目标？要通过关键结果来衡量我们实现目标的情况。设计 KR 最具挑战的部分是如何把目标中定性的部分转化为定量的数字化表现。

> **知识探索　OKR 管理法**
>
> O 是目标（Objectives），KR 是关键结果（Key Results），OKR 就是目标与关键结果法。这是一套明确分解、跟踪目标及其完成情况的管理工具，最早在英特尔应用，后来在谷歌发扬光大，现在国内包括字节跳动等都在成功运用这一方法。对于个人而言，它也是一个很好的目标拆解、牵引工具。

假设现在还是专员的你希望新的一年升职加薪，那就明确今年的目标：是不是先成为主管。当然，前提是这个目标有一定的挑战性，而且对于你来说也是有吸引力的。对这个目标进一步分解，确定达成主管的几个关键结果，一般建议设定 3~5 个 KR。比如，要具备什么样的专业技能，要达成多少业绩，或者要完成哪几个项目。这里要特别提醒，确定每一个 KR 要基于我们能够控制的变量（比如，通过自己的努力可达成的），而非无法控制的变量（比如，单纯获得某某领导的认可）。那些无法控制的变量，其实也可以理解为一种运气，可遇不可求，你不能将目标的达成寄托在这之上。更何况，即便就是"运气"，也偏爱"坚持目标和时刻准备好的人"。

随着 OKR 的发展，有人进一步将其完善为 OKRT，其中的 T 即任务计划（Task），也就是在执行过程中可根据需要进一步将 KR 分解成具体的任务或措施。对于新人而言，这个补充有助于我们进一步分解落实目标。

SMART原则

SMART 原则，对于很多人来说属于老生常谈了。SMART 原则由五个元素构成，分别是具体的（Specific）、可衡量的（Measurable）、可达成的（Achievable）、现实的（Realistic）和有时限的（Time-bound）。

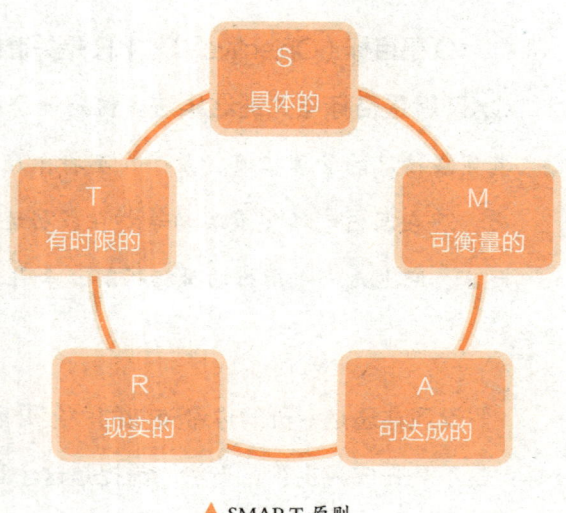

▲ SMART 原则

SMRAT 原则可以帮助我们在目标的分解过程中，把笼统的方向分解成具体可行的计划。通过 SMART 原则，我们可以有意识地拆解出具体路径，并反推目标是否切实可行。

这里简单引用一个"二十英里法则"的案例。

从美国西海岸的圣地亚哥到东北部的缅因州，长达 3000 英里（4800 千米），被称为"美国大陆最长距离"，且地貌复杂，气候差异大。如果要徒步完成这段距离，需要多长时间？

这是一个极为艰苦的挑战，不同的选手采用了不同的策略。

第一组，天气好走 40~50 英里，天气不好就 1 英里都不走。

第二组，信心满满，计划每天走 40~60 英里，2 个月走完全程。

第三组，不管天气好坏，每天走 20 英里，大约需要 5 个月完成，用时是第二组的 2 倍还多。

最后谁会胜出？

第三组。他们用了 5 个月时间抵达，而这也是唯一一个在官方规定的时间内达标的成绩。

显然，第三组的做法更符合 SMART 原则，是具体的、可衡量的、现实的、可达成的，也有明确的完成期限。而第一组完全不符合，第二组很容易因为太难没有办法执行下去。

在职场中，用 SMART 原则拆解目标同样很好用，比如，前面提及的要晋升为主管的目标，根据设定的目标，你需要搞清楚具体行动计划是什么？有哪些标准可以评估行动计划的合理性，这些计划是否可达成，是否合乎你所在组织的实际需要，以及你给自己的时限。

其实，拆解目标的方法远不止上述两种，但大多数拆解的原则和上述两种方法一致，只是表述有差异，并且，最终都会回归到时间、路径及效能等三个维度上。

同时，你会发现，随着个人在职场的成长，单纯依托某一工具会出现一些负面的效果，比如容易让人沉浸在具体细节中，为完成具体目标而完成具体目标，这就陷入了发展的瓶颈。这个时候需要我们积极做出反思，综合运用多个模型，并用实践检验，从而突破自己的瓶颈，而这也将是我们在下一章中要重点分享的内容。

卓越者思维

- 跟拖延症做斗争最好的方法就是立刻行动起来，制订严格的执行计划，然后在确切的时间里考量自己在做的事情是否会产生效益，如果没有，就直面结果，立即改正去做更有意义的事情。

- 很多人将自己要完成的事情想当然地理解为目标，其实这样的"目标"只是个模糊的概念，要么缺乏时效性，要么不具备激励性。

- 计划未必都是完美的，当你制订计划后，先不论结果，迈出第一步。比如告诉自己，就先做 5 分钟。

- 越是大的组织，平台模式的作用力就越大。

- 复利效应：当一个人选好"对"的路，并为之坚持，最终产生的积极影响将是 1+1>2 的结果。

- 能够拆解目标，是人生迈向成功的很重要的一种能力。

第4章

瓶颈期：
刻意练习的必经之路

职场总会遇到瓶颈期，谁都不例外。有些人将产生瓶颈期的原因归结为外因，而我们主张对内探索。当然，这会更难。

瓶颈期的到来和能力有关，但更重要的是动机。职场尤其需要做好每一阶段的复盘，需要定期优化考量的目标，还需要学会重塑目标。

动机：突破瓶颈期的内在因素

> 如果你只是抱着试试看的心态，那么你只会以失败告终。最终你会一事无成。
>
> ——《小狗钱钱》

相较而言，人们很乐于做那些他们擅长且容易做到的事，从而让自己获得成就感。这种现象在职场上尤为明显。做擅长的事，正向反馈相对更为即时可见。于是我们一直做自己擅长的——有时候主动做，有时候可能是领导或组织觉得你不可替代，所以指派你做。但不论如何，做得越多，你就越擅长，仿佛陷入一个闭合循环。

时间一久，我们的时间就被擅长且容易的事情所侵占，无暇顾及其他更有意义、更有价值以及能带来更长远成长的事情。这可能表现为缺乏创新力、与团队合作力变差、对于环境的适应力消减，还有可能出现工作态度散漫、不愿沟通的情况，并且固执己见，不愿学习，最终导致职场人际关系变差等。每个人的职业发展路径都不一样，但每个阶段总

瓶颈期：刻意练习的必经之路 第4章

有躲不开的瓶颈期。在此期间，如果感觉自己无法改变自身条件和外部环境，你便进入了职业发展的停滞期。

那如何才能突破自己的瓶颈？本章我们将从动机、复盘、优化考量、重塑目标等几个方面来探讨。

何为动机

动机是指个体内部的心理倾向或驱动力，推动他们追求特定目标或采取行动。早在100多年前，美国心理学家伍德沃斯就将其应用于心理学，并认为动机是决定行为的内在动力。说白了，饿了想吃饭、累了想休息、胖了想减肥，都是动机的表现。

从理论上来说，动机具有三个方面功能：

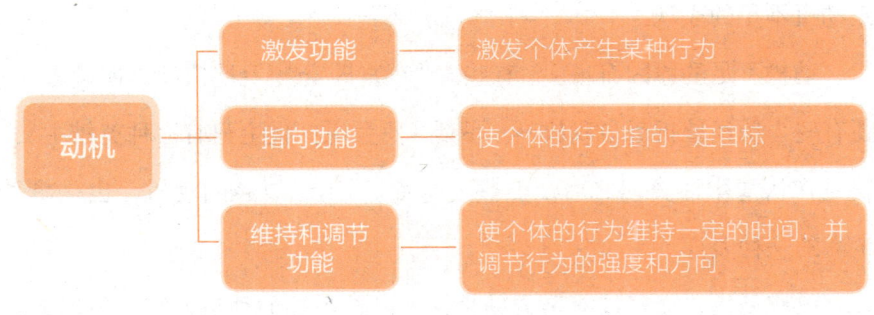

▲ 动机的三个方面

稻盛和夫先生认为，所谓动机，也可以说是推动事物前进的"地基"，只有有了不可动摇的牢固地基，才能在其上建立宏伟的建筑。相反，如果地基不牢固，却想建造豪华的房屋，那是无法成功的。因此，如果缺

乏动机或者动机不纯，凡事都无法顺利推进。

你是否还记得刚刚踏入职场时的自己？一般来说，刚进入职场的人总是在迷茫和困惑中充满憧憬、心怀梦想，对于要做的事情也是满怀热情，期待做出一番成绩或取得更大成就。

这就是我们内心最初的动机，所以，刚入职场的我们很有热情，立刻做、全身心投入都不是困难的事。可慢慢我们就会发现，同时入职的新人，有些逐渐成长为职场的卓越管理者，有的人却成了职场的"小白兔""大白兔"。通常，我们会将之归结为个人的能力问题。但抛开特殊性，从职场成长的角度，我们很容易看到，**绝大多数的"归于平庸"并不是因为能力不足**，本质上是我们在第二章中所说的，缺乏对自我信念的强化，不能持续增强自我效能，而最直接的表现就是缺乏持续追求更大目标的动机。不再相信自己，容易半途而废，安于舒适圈……这些都是动机不足的表现。

动机不足的原因有很多，有些人"小富即安"，有些人缺乏明确方向，还有些人历经挫折后自我放弃。罗曼·罗兰说："世上只有一种英雄主义，就是在认清生活真相之后依然热爱生活。"追寻卓越的动机，也是热爱生活的一种表现。

没有动机，必然没有努力的目标；缺乏足够的动机，缺乏付出之后足够的获得感，就难以持续坚持。那么，如何保持动机呢？

如何保持动机

拿破仑曾说："信念是生命和力量。信念是奇迹。信念是我们创造奇迹的根本。"

但信念的建立是一个漫长而反复的过程，动机则是信念形成的垫脚石，让每一步更可见。刚入职场的年轻人更应该关注自己的动机。

事实上，每一个追求卓越的人，都拥有强烈的内在动机。这种动机是导航，是催化剂，更是自驱力，能够持续地将自己推向目标。

那么接下来，我们一起来探讨如何保持动机。

保持动机的具体方法

明确自我需求。 职场打工人常开的一句玩笑就是不想工作，希望"躺平"。为什么很多人将职场视为痛苦的源头，甚至是"修罗场"？大部分原因在于自我，在于自己无法平衡工作、生活所带来的冲突，但其源头则是对自己所追求目标的动机不清。你到底是希望在工作中有一番成就，还是平平淡淡地度过一生？从人生的角度来看，没有对错，只是动机不同。但如果总在两种不同的动机中徘徊，这其实是在"内耗"。在这个过程中，你内心的充盈会被慢慢掏空，人生也容易陷入迷茫。所以，明确自我需求，是保持动机的出发点。

相信自我能力。 自信、自尊是本书一直在强调的观点，在营造和保持动机方面，它们同样重要。但这里的自信、自尊，更多的是会从职场的角度强调学习成长，强调对自我能力的肯定与反馈。还有一点特别重

要,"一个好汉三个帮",职场成功很大程度上取决于团队的协同,所以,要使自己身边有更多鼓励、支持你和与你公平竞争的人。同时,我们可以将对同一件事情感兴趣的所有人聚集起来,或者吸引他们加入一个现有的团体,并且将团队的情谊和共同目标作为达到我们自己目标的额外动机。

适时突破自我。刚入职场,有些人怕犯错,总选择自己最擅长、最对的路走,这样久了,成长就越来越慢,甚至停止。换个角度,适时突破自我,也可以保持自我成长的动机。我们可以通过设置时间点,明确自己多长周期内就必须有一个创新的尝试;也可以通过设置岗位的变化,要求自我必须有不同的处事方式;还可以做一些无边界的限定,跳出本岗位、本部门,甚至走出公司,去获得完全不一样的做法以及想法的刺激。

所以,保持良好动机,也应是刻意练习的应有之意。通过一定时间的刻意练习,我们就能更好地保持动机,这本身也是一种"技能"。更为重要的是,这项技能将"内化于心",可以很长久。

"路漫漫其修远兮,吾将上下而求索。"

动机,就是在我们的潜意识中持续给自己触动、启示、力量的源头。作为职场新人,相信大多数人渴望成功,希望成为更好的自己。但是,如果不能保持持续成长的动机,光想不做,三分钟热度,终将离梦想越来越远。在此基础上,学会复盘并定期做好复盘很重要。

复盘：突破瓶颈期的关键工具

> 一个人回顾得越远，可能前瞻得越远。
>
> ——丘吉尔

在一次采访中，埃隆·马斯克被主持人提问："你觉得最有挑战性的事情是什么？"马斯克思考了很久才回答："及时纠正错误，并且反馈循环。"随后，马斯克进一步补充："然后一直维持这种纠错反馈循环，即使人们只说好话（仍然要意识到问题并纠错），这非常难。"

曾子说："吾日三省吾身。"不论是曾子还是马斯克，其实都在强调"复盘"。拥有成长型思维的人更容易成功，而这种思维的关键内容之一就是复盘。

为什么要复盘

那什么是复盘，又为什么要复盘呢？

复盘本是一个围棋术语，但于现在生活中，它更多的是指运用科学

的方法,对组织或个人以往的工作进行回顾和思考,发现自己在以往生活和工作中的优点和不足,进而为未来的工作和计划做好准备。

复盘能力其实是学习能力的重要体现。职场不可能永远一帆风顺,所以,一时一事的成败都不是关键,重要的是能从中学到什么。**拥有成长型思维的人认为世界无时无刻不在变化,因此最重要的是加强自身、拥抱变化。**他们往往更愿意接受挑战,也能坦然面对失败,以一种积极的心态看待挫折和努力。

在一个平台待得时间长了,很容易形成自己的"信息茧房",陷入**故步自封的认知怪圈**。这就需要我们洞悉自身思维的运作方式,用批判性的目光看待自己、审视环境,保持清醒从容,做到认知谦逊,能够持续挑战自己原有的知识、经验,甚至是信念;特别重要的是,能够有同理心,能换位思考,尊重与自己对立的观点、坦然直面错误的结果。

事实上,进入职场以后,你此前积累的知识只能是块敲门砖,支撑职场成就的比例也就占20%左右,而80%将来自岗位工作的实践、职场互动与无边界的学习。是的,这就是"二八原则"。这就要求我们,无论成功或者失败,都能找到背后的原因和改进措施,甚至总结成规律。如果事后不做总结和复盘,成功的经验便无法复制,失败的教训便无法吸取,那不论积累多少次的实践经历,都只是简单重复,我们可能都无法实现真正的成长。

完成一个项目或有过一段经历之后,如果你能够反思,想一想过程中的步骤是否合理,哪些是自己确定把握的因素,又有哪些不确定性因素促成了这样的结果,结果是否如预期。能更好地找到问题,当然也总结强化自己的优点，给予明确的逻辑，将会更快地塑造自己的成长型思维。

联想集团创始人柳传志说："我和别人比没有特别大的优势。那我的优势是什么呢？答案是勤于复盘。我习惯于回顾过去的工作，并想清楚这是不是正确的路径。"

如何复盘

人是有主动性的，如果我们不能主动地改造自己，就会不自觉地被他人、环境甚至自己的坏习惯改造。所以，一定要学会复盘。那如何复盘呢？

复盘绝不是一个轻松的过程，需要有自己的内在逻辑，懂得用方法，需要我们更深刻地思考，不断"自我解剖"。

卓越者工具箱

复盘的四个关键步骤

我们把复盘分为四个关键步骤：回顾目标、评估结果、分析原因、总结规律。

首先，要重新回顾目标。 客观地摆出事前期望的结果，并回顾这个结果出现之前的里程碑节点和每一个分解的小目标。这个步骤，让我们

的复盘有的放矢，而非流于空洞的总结或者纯粹感性的抒发。

其次，要评估真实的结果。既然是复盘，那就一定有一个结果呈现在我们的面前。于是，我们就从正反两方面，看看相比于原目标，哪些超过了，这是亮点；哪些还有缺憾，这是不足。做这个对比，并不是要用过去的行动来指导未来，而是让复盘有一个更为客观的刻度。比如很多公司都会签订年度军令状，军令状一般也会分为财务指标、管理指标和加减分项。复盘就一定要参照军令状定量和定性两个维度，从市场、财务、管理、品牌、学习提升等视角，得出存在差距或超出预期的客观原因。

再次，认真且客观地分析达成这个结果的原因。由表及里，复盘的关键就在于我们所面对的过去是否足够真实。任何被扭曲或被编撰的过去，都将对复盘产生灾难性的影响。所以，我们要分别找到成功以及失败的主客观原因。当我们面对一个结果时，我们可以使用量化指标，直接用完成的百分比表示，如各类财务指标、客户满意度等都可以很好地被量化，它们真实存在；定性指标则可以通过客观的评价分析，看是否达成预期。在对两个方面都进行客观评估后，我们便要搞清楚缺口的部分在哪里、为什么，下一个阶段如何达成，等等。

对于新人而言，复盘的前三个步骤是需要严格执行的，不能忽视，更不能直接跳到最后的步骤。

最后，总结规律，这是个关键点。这个过程就是把过去和未来连接起来，连接两者的桥梁就是规律。有的人复盘时浅尝辄止，只进行到第一步或者第三步，但更关键的是要找到规律。这个规律总结得越到位，我们就越能从本质出发,所以这个过程一定要审慎。同时,我们还要制订下一步有明确节点的行动计划,持续地检验自己所总结的规律。通过总结规律,复盘的价值就得到升华了。

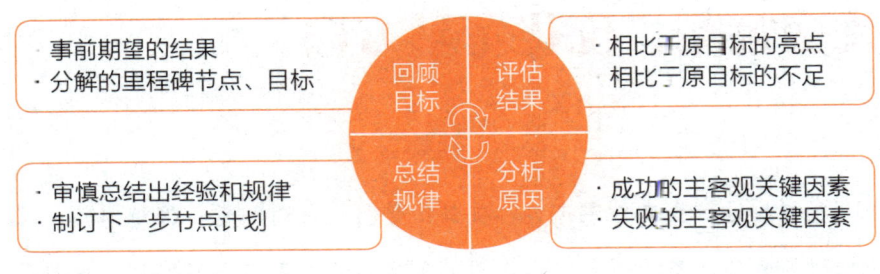

▲ 复盘的四个关键步骤

除了上述四个关键步骤,我们还必须强调,复盘不是一锤子买卖,正如马斯克所说:

要维持这种纠错反馈循环,我们得学会"小事及时复盘,大事阶段复盘(月度/季度),事后全面复盘(半年/年度)"。只有不断循环往复,不断上升,才会有无限可能发生。

复盘是对自我审视的一个过程。职场人最大的进步,来自对日常工作的计划、复盘、总结以及开放的心态。通过这个过程,我们或许能更好地面对自身的瓶颈,从而相应地改变策略、优化考量方向。

改变策略，优化考量方向

怎样度过一生的低潮期呢？安静地等待，好好睡觉，锻炼身体，无论何时好的体魄都用得着。和知心的朋友谈心，基本不发牢骚，主要是回忆快乐时光。多读书、看一些传记增长知识，顺带还可瞧瞧别人倒霉的时候是怎么挺过去的。趁机做家务，把平时忙碌顾不上的活儿都干完。

——毕淑敏

上述文字是毕淑敏老师关于人生的思考，她的身上有很多标签：昆仑女兵、医师、心理咨询师、作家、环球旅行家。尤其应该敬佩的是她的最后一个身份，尽管已经进入花甲之年，她仍然决定走出去、看世界。那一刻，她又放下了过去的一切，开始全新的自己。如今，她已经走过全球80个国家，跨过七大洲四大洋，用半生积蓄绕地球一周，还写下了一本《蓝色天堂》。

这两年斜杠青年很流行，其实，职场的道理也是一样的，没有谁固定被哪个标签所"困"。

瓶颈期：刻意练习的必经之路

但正如前文提及的，不论是在职场久了，还是随着年龄的增长，在思维上我们都容易陷入信息的茧房，思维、认知固化，接受新知识越来越慢、越来越少，只愿意接受自己喜欢的事物，排斥那些看不惯或者难以掌握的内容。相应的，在职业发展上则会不可避免地遇到瓶颈。这里所说的职业瓶颈未必是升迁或收入，更重要的是思维、认知、能力等方面。

"改变策略，优化考量方向"本质上是针对自我开展的持续迭代提升，包括打破固有思维，提升自我认知，打破舒适圈，优化自我环境，以及打破既定的方向，提高自我要求。通过优化考量方向，让自己的工作和生活实现全新的突破，这是一种良性的优化。

道理谁都懂，真正实施起来却并不容易。

职场，谁该对你负责

谁该对我们的职场生涯负责呢？领导、同事还是下属？很明显，我们都知道这个答案。

只有自己才能对自己负责。

对自己负责则意味着要把自己当作最宝贵的资产，首先是爱护自己，其次是想办法让自己这个资产持续增值，再次则是创造更多的机会让这个价值变现。所谓"学成文武艺，货与帝王家"就是这样的道理。

但同时，资产有贬值的风险，所以，身在职场就需要随时复盘，分析自己的职场价值是在持续提升，还是在原地踏步，又或者是正在下滑。

所以，走出瓶颈期，并非要求自己迅速蜕变，而是让自己先试着做

一些不同的事情。

对于很多年轻人而言,踏入职场,才真正是"成人"的开始。在此之前,我们的生活主要依赖父母,我们所犯的错误也被亲朋好友所包容,生长在温室的我们不自觉地表现出以自我为中心、敏感的特质。踏入职场,我们就要慢慢戒掉自己的玻璃心。而那一刻,就是自己蜕变的开始。蜕变的过程一定不是非常舒适的,所以当发生不顺心的事甚至遭遇挫折时,千万别想太多,别认为周边的人都是针对自己。想开点儿,有时间就多提升自己,多解决问题。突破瓶颈期最好的方法就是成为一个更强大的自己。

"焦虑不会消除明天的悲伤,它只会消耗今天的力量。"当你在职场中感觉到自己好像停滞不前,再也没有进步了,甚至不知道自己接下来的路要怎么走的时候,你就行动起来,优化对自我的考量方向。这种改变可以是希望身体更健康,那就去锻炼;也可以是希望过上更好的生活,那就去努力打拼、提升自我。所以,在职场遇到困境,我们未必一定要离开某个公司或者某个职位,而应该在强化自身优势的同时,更好地找到自己缺失的模块,实现边界的突破。

如何优化考量方向

"要怎么收获,先那么栽。"身在职场,任何时候都不要辜负自己,不要怠慢成长。春天播种了,养护了,秋天的时候才能采摘饱满的果实。于是,问题又来了,如何养护,也就是如何优化考量方向呢?

卓越者  工具箱

优化考量方向的具体方法

首先,基于自我审视,提出下一阶段的目标及行动计划。

在职场,我们自然很看重职位和收入,但持续成长、拥有有意义的工作以及良好的人际关系可能远比身处高位或赚钱好得多。所以,优化考量方向的第一步,是对自我的审视。

通过复盘,我们审视了自身,探索相应策略的改变。而能够让我们真正做出改变的契机,往往是在经历挫折、自我反思,或者他人提醒或给予指导之后。复盘是一个自我觉察的过程。在复盘的最后,我们会提出下一步的行动计划,而这一步骤的具体动作就是改变策略。所以,我们改变策略必须清晰地意识到我们对某件事的认知是什么,我们的行为反应是什么,以及这种反应是下意识的还是经过思考的,是不是足够恰当和正确的。

其次,多与身边的人交流,获取反馈,打破信息茧房。

乔布斯设计的所有办公环境,都要求员工必须得走好远才能上厕所。为什么?创造机会让你跟不同部门的人聊天。后来由于一个孕妇的投诉——那个孕妇肚子好大了,让她走10分钟才能上厕所,她受不了,他才改了那个厕所的位置。但是,他一定要想办法让你多走路,让你跟别人多聊天。

人的相互交流是一种很复杂的信息流动,这种信息流动给人们提供了重新考量自己的可能:对比分析自己的优劣势,了解自己的行为方式

是否正确,有什么后果。很多时候,别人眼中的自己,很可能与"自以为"的差距很大。与人交流有助于修正自己对自己的考量方向。

此外,更有效的交流是要求自己保持持续的输出。比如写作、演讲、培训等,都是很好的输出方式。相应的,输出可以倒逼自己进步。这个过程,如果能很好地被记录,厘清自我内在的逻辑,有针对性地优化改进,则会收到事半功倍的效果。

再次,留白,给自己一些时间、空间消化,再继续优化处理。

留白的一种方式是让自己"静"下来。这很重要,人在心平气和的时候,能更好地发现自己的短板、漏洞,从而更好地找到下一步的目标。这就好比找到了自己心中的"桃花源","初极狭,才通人。复行数十步,豁然开朗"。

不论成功还是失败,不要在过去的日子里反复纠缠,因为时间没办法退回到从前。那些"如果当初……就好了"的说辞,并不会将不如意的状态改善半分。职场也是逆水行舟,不进则退。

在本节的最后,希望再做一次强调,无论在过去的阶段我们经历了如何的成功,或者有多少的不快,那些都已成为过去。接下来的每个当下,我们仍然在自己人生最年轻的时候,年轻就意味着学习,意味着突破。我们要像时钟一样,永远地朝前走、向前看。

瓶颈期：刻意练习的必经之路

重塑目标，突破瓶颈后的卓越追求

> 改变自己的目标，需要你有很大的灵活性，能够克服自己的各种先入之见，努力找到和你匹配的目标并享受新的过程。
>
> ——瑞·达利欧

"学习如逆水行舟，不进则退"，职场更是如此。面对市场瞬息变化，企业最大的不变就是"变"，对于企业中的个体也是如此。同时，企业的每个阶段都有新人加入，他们带来最新的理论、技术以及行为方式，这要求每个人进入职场后都要保持对目标的追求，并适时提升。

试着做不同的事情，而非更难的事情，也许你并未达到极限，但别让过往将自己束缚在一个太小的圈子里。当面临瓶颈时，我们可以选择采用重塑目标定位的方法，让自己跳脱出来。

本章已经探讨的复盘、优化考量方向，以及接下来我们要探讨的对目标的重新定位，都在寻求突破瓶颈期的有效路径，这些也构成了寻求下一阶段职业和事业发展方向的重要基础。

10000 小时的刻意练习

给自己树立一个新的目标

在工作中遇到瓶颈的时候，我们难免会觉得很迷茫，甚至会不知所措，找不到前进的方向。这时候最好能够给自己重新定位，给自己一个新的目标。有了新的定位和目标之后，我们就有了新的动力，这样就不会停滞在瓶颈期了。

职场的瓶颈期的出现，可能是因为成长超过了现有的岗位、角色，也可能是因为跟不上平台的发展，无法适应，当然还有可能是因为年龄的增长、家庭因素的影响，使得事业停滞不前。如果我们具备重塑目标定位的能力，就能够选择一个更合理的方式应对工作瓶颈。不论是哪种原因、选择什么样的方式，重新制定目标后，就必须强迫自己改变，重新激活自己适应环境、持续学习的能力，也就是让自己又投入一个全新的刻意练习的过程。

给自己树立一个新目标，并不是那么容易。不论当下的状态如何，成功者可能希望躺在功劳簿上好好享受，停下来等掌声；失败者可能干脆放弃，不想再尝试，因为害怕更大的失败。两者其实有一个共同点，那就是都想待在舒适圈里，这个话题我们在第 5 章再讲。也许我们很清楚当下的状态可能是拥有"糟糕"的身体，或者麻木地工作和生活，抑或是有很多坏习惯，却总无力改变，最终又在后悔"早知道"。但有没有认真想过，我们无法真正做出改变，并不是因为我们能力不行，也不是因为意志力薄弱，而是需要我们具备更强的灵活性，能够运用重塑目标定位的方法，能够克服自己的各种先入之见，放下过往的成功或失败，努力找到那些制约自身边界、使自己画地为牢的因素，从而匹配新的目标并享受新的过程。

重塑目标定位的方法

美国著名演员阿诺德·施瓦辛格的《终结者》系列电影为很多观众熟知。

施瓦辛格本是一个生长在贫民窟里的穷小子，身体非常瘦弱。他看到著名的体操运动主席库尔后，相信练健美是强身健体的好办法，有了练健美的兴趣。他渴望成为世界上最结实的男人。通过3年刻苦而持之以恒的练习，他成为健美先生，练就了发达的肌肉和健壮的体格，而后屡获佳绩，最终成为欧洲乃至世界健美先生。22岁时，他重塑目标，选择进入好莱坞。在好莱坞，他花了10多年的时间，利用自己在体育方面的成就，最终在演艺界声名鹊起。2003年，将近60岁的他退出影坛，决定从政，最终成功竞选为美国加州州长，并于2006年获得连任。2011年，卸任后的施瓦辛格重返大银幕，继续接拍电影、当导演。

其实，施瓦辛格的经历就是不断找到自己合适且想要的方向，然后重塑目标、持续练习的过程。这里我们可以参考第3章所提到的瑞·达利欧"五步流程"，以实现在目标确立之后，能够持续不断地学习和改进。

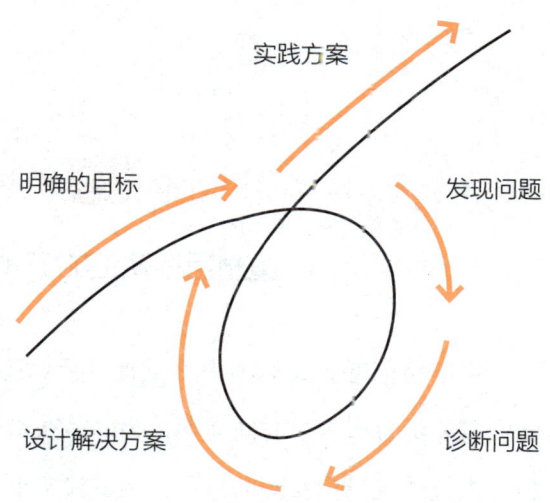

▲ 瑞·达利欧"五步流程"

所谓重塑目标定位,就是在设立目标之后,可能经历失败,这时需要基于自己工作或生活中的实际情况以及总结出来的"原则"学习提高,并能提出更高、更好的目标。

瑞·达利欧说,他犯下的代价惨痛的错误使他改变了看问题的角度,从"我知道我是对的"变成了"我怎么知道我是对的"。这促使他既能从自己的视角看问题,又能从别人的视角看问题。

基于瑞·达利欧"五步流程",我们整合出以下三个步骤。

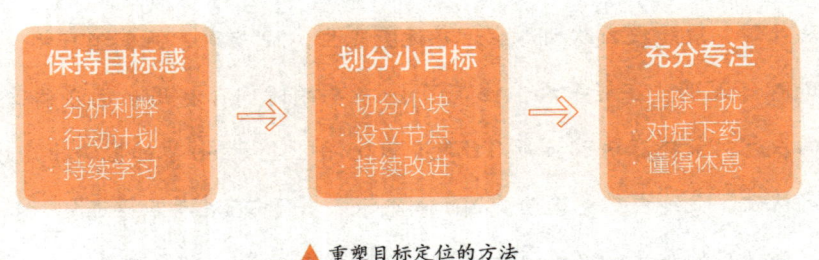

▲ 重塑目标定位的方法

卓越者工具箱

重塑目标定位的三个步骤

保持目标感。 我们不得不重提"目标感"这个概念。在这个阶段,我们需要给自己一个时间周期,为的是在未来某个阶段重新确立目标定位,以及达成目标相应的路径方法。要实事求是地做好利弊分析,形成具体的行动计划,还要保持持续学习的能力。持续学习的能力的体现不用想得太复杂，可以是具体的某项技能，比如数字化、语言能力或者某种认证，而这些其实本身就是重塑目标定位的载体或者工具。

划分小目标。复盘进而优化考量，就是在正视并打破自身瓶颈的过程，而重塑目标定位，则让自己的突破更有方向。于是，围绕整体目标，可以重新思考自己的定位是什么，然后再规划好具体的阶段性小目标。这里可以借鉴我们在第3章中介绍的OKR管理法、SMART原则等，实现持续改进提升，这样就能够一步一个脚印地实现自己的职业目标了。无论对一个岗位多么熟悉，也无论是否觉得自己没法再进步，我们都需要不断地充电学习，不断地突破自己。只有不断地否定自己，才能让自己变得更好；只有学习更多的知识，才能突破工作的瓶颈期。事实上，我们所讲的每一部分，都是围绕刻意练习的原则在展开。

充分专注。充分专注要排除干扰，对症下药，相信这两点很多人都了解。但同时，我们还需要强调要懂得休息。在职场上什么叫懂得休息？这里并不是指让你"摸鱼"，而是指我们前文所说的"留白"。所有东西在眼前的时候都感觉更大。不论是工作还是生活，正在发生的事情都似乎很大，可回头来看则不然。所以，我们应该跳出去以看到全局，有时候可以过一段时间再做决定。"退步原来是向前"，这或许也有助于我们更好地专注目标。

很多时候，与瓶颈期同时出现的还有舒适区。接下来的一章，我们将探讨人为什么喜欢待在舒适区，以及如何突破舒适区。

卓越者思维

- 拥有成长型思维的人更容易成功,而这种思维的关键内容之一就是复盘。

- 进入职场以后,你此前积累的知识只能是块敲门砖,支撑职场成就的比例也就占20%左右,而80%将来自岗位工作的实践、职场互动与无边界的学习。

- 人是有主动性的,如果我们不能主动地改造自己,就会不自觉地被他人、环境甚至自己的坏习惯改造。

- 由表及里,复盘的关键就在于我们所面对的过去是否足够真实。任何被扭曲或被编撰的过去,都将对复盘产生灾难性的影响。

- 在职场遇到困境,我们未必一定要离开某个公司或者某个职位,而应该在强化自身优势的同时,更好地找到自己缺失的模块,实现边界的突破。

- 面对市场瞬息变化,企业最大的不变就是"变",对于企业中的个体也是如此。

- 更有效的交流是要求自己保持持续的输出。

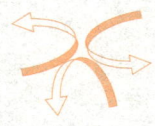

第5章

舒适区：刻意练习的陷阱

成长到了一定阶段，人就会进入舒适区，这也将是职场发展的分水岭。有些人突破舒适区，有了更好的成长；而有些人就此"泯然众人矣"。

待在舒适区是人的本能反应，很多人容易陷入即时满足的快感，这就要求我们持续探索舒适区的边缘效应。同样，这也是讲方法的。

人的本能与舒适区之谜

流水在碰到抵触的地方时,才把它的活力解放。

——歌 德

什么是舒适区

本书强调的"舒适区"是对人们心理、精神状态、知识、技能的一种描述。人都有固有的习惯、观念、行为方式、思维方式和心理特征,在职场中,还要加上特定的关系,以及职场空间、环境。于是,一个人在工作一段时间后,就可能生成一个属于自己的"职场舒适区"。

认知的过程是艰苦的、持续的、漫长的过程,这种过程是反人性的。人的本能是拒绝认知带来的痛苦,自然而然地寻求使自身最舒服的状态,不用学习,不用思考,把自己放置于一个强大的舒适区。所以,待在舒适区,不仅仅是因为在行为或思维上犯"懒",更是因为这就是一种人的本能反应。如果一味抵制舒适,就是和人的本能在直接对抗,想要获胜很难。

舒适区：刻意练习的陷阱

对于很多普通人而言，努力工作的目标是什么？是过得更舒服！就如下面这则为大家熟知的富翁和渔夫的故事：

有个富翁到海边度假，见到一个渔夫躺在沙滩上晒太阳，便问渔夫，这么好的天气为什么不去打鱼。

渔夫说："今天的鱼已经打够，现在要休息了。"

富翁不解道："天气这么好，你应该去打更多的鱼，以便可以买更好的船，赚更多的钱哪！"

渔夫问："然后呢？"

富翁说："然后你就可以雇人出海，不用自己出海，只用舒服地躺着晒太阳就好啦！"

渔夫说："可是，我现在不正在舒舒服服地躺着晒太阳吗？"

这是不是很多人的心声呢？讲到这里，有读者可能会问：你说这是本能，又是本来该有的生活方式，那这节探讨的意义在哪里呢？

其实，很多时候我们面对的并不是要不要待在舒适区的问题，而是待在舒适区所产生的焦虑问题。焦虑是因为人是社会性的群体，很多人一方面追求舒适，另一方面却喜欢对比，你有的，我也要有，物质是最直接的体现。同时，对荣誉、社会地位、资源关系等更多无形的内容，也是你追我赶。

本书的观点是，我们终究要成为一个更好的自己，不论是在物质的追求还是在精神的自我实现方面，而这就是我们强调要突破舒适区的根本原因。

舒适区的利弊

生长变化是世间万物的运行规律，"进化论"则是事物得以适应发展的最好方法，职场更是将这个生态演绎得淋漓尽致。

人都有惰性，会把自己的大部分精力投入那些早已擅长和熟悉的工作上，并通过它们来证明自己的价值。当自己觉得游刃有余、得心应手，别人夸你"××专家""百事通"的时候，这可能恰恰是最容易蒙蔽自己、阻碍自己学习新东西的时刻。

所以，在职场中我们必须深知，昨天不是今天，今天不是明天，没有一项技能或者经验可以永葆价值。在日新月异的环境中，很多原本在组织中极具价值的人，很可能在不经意间就走向了边缘或者被淘汰。

舒适区的正向作用

舒适区当然也有正向的作用。

首先，舒适区可以帮助人们维护自我形象，建立心理防御屏障，起到"避风港"的作用。其次，舒适区是自我调节器，它能更好地稳定情绪。最后，面对信息爆炸的时代，舒适区可以让自我更好地匹配外界信息。

舒适区的负向作用

抛开个人生活理念，从职场的角度来看，舒适区有更多的负向作用。

我们看到的很多负面词汇，如不思进取、故步自封、懒惰、松懈、倦怠和保守等，这些或许都与个人沉溺舒适区有关。

沉溺于舒适区的人，对现状有一定的满意度，既没有强烈的改变欲望，也不会主动付出太多的努力。他们往往觉察不到任何真正的压力，没有危机感，甚至会产生自我麻痹感。有的人还会感到自己比他人优越。久而久之，他们会感到迷茫和无助。

每个人的人生都不同，我们自然可以选择适合自己的方式生活。但职场人则需要直面生活，具备拥抱变化的勇气，并在变化中获得改变提升的能力，从而实现不断地自我超越，成为更好的自己。

知识探索 知识技能分层

美国学者诺埃尔·蒂奇（Noel Tichy）把人的知识和技能层次划分为舒适区、学习区和恐慌区。如下图所示：

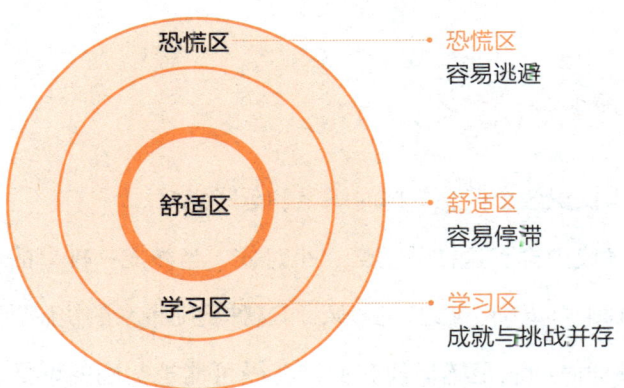

▲ 诺埃尔·蒂奇知识和技能层次划分

长期处于舒适区的人，会安于现状，不求进步；而长期处于恐慌区的人，则会产生恐慌、害怕、自卑等情绪，使心理受到伤害。最好的情况就是处于学习区。

10000 小时的刻意练习

即时满足与长期主义

延迟满足感的本质是克己自律。所谓"克己"就是"战胜烦恼丛生的自己",或者说"压制自身过度的欲望"。

——稻盛和夫

什么是即时满足

我们先来认识两个概念,即时满足和延时满足。

我们或多或少都有这样的记忆:小时候,当做成一件事的时候,我们经常能受到来自老师、父母的鼓励,而这种奖励带来的快感让我们"一时爽"。这种即时的满足感促使我们接着做可能被奖励的事情,但这种行为是被动而非主动的。

即时满足是儿童典型的心理特征,但并非儿童专属。有些行为,比如打游戏、吃美食、购物、刷短视频等,在成年人中仍然具有即时满足的吸引力。在职场中,有些人容易满足于舒适区里做自己所擅长的工作内容,享受这种即时满足的过程。而真正的卓越者,通常是那些能更好

舒适区：刻意练习的陷阱 第5章

地克服本能的人，他们延时满足的能力更强。

即时满足是对自己需求的立刻响应，是马上能得到的满足；延时满足则恰恰相反，它具有一定的延迟性，是人们甘愿为了长远价值放弃短时间回馈的价值取向。

职场行为坚持长期主义的做法

在职场上，我们到底该怎么做呢？我们可以简单归纳这样一种解决方式：将自己的需求区分为合理与不合理两种情况，合理的还可以进一步分为不紧急、紧急两种情况，再分别用不去满足、延时满足、即时满足等不同情况去匹配。

	不合理	不去满足
合理	紧急	即时满足
	不紧急	延时满足

其实，不论是工作还是生活，不去满足和即时满足的情况有，但不多，更多、更常见的是延时满足。在心理学视角中，除非特殊紧急情况，更好的应对方式也是延时满足。比如路怒症、沉迷某种嗜好、无法控制自身情绪，都属于不去满足或者即时满足的情况。那是用动物的本能方式表达想法，而不是延时满足自己的想法。职场行为想要坚持长期主义，

则需要刻意练习延时满足来强化大脑的神经网络连接，使其成为自身的心理表征。

由以上内容我们可以看出，它有别于我们此前探讨的拖延症问题。并不是说要用延时满足替代所有的即时满足，而是需要我们更好地描述概念，列出问题的清单，然后有的放矢地予以解决。我们只是强调要清楚相应的概念，不要走极端，更不要害怕心理冲突。所以，接下来，我们会说明需要警惕的几个点。

为什么要警惕即时满足？

即时满足自然有其作用，它会突出过程或者每一个细节的重要性，但在职场上如果只满足于即时满足，久而久之，就会忽略整体目标的重要性，获得持续提升的机会也会越来越少。所以，我们要警惕这种即时满足带来的快感。

一是容易形成短期主义。沉湎于即时奖赏，享受短期的快乐，关注短期的回报，更容易患得患失。这样的人如果没有得到自己想要的东西，

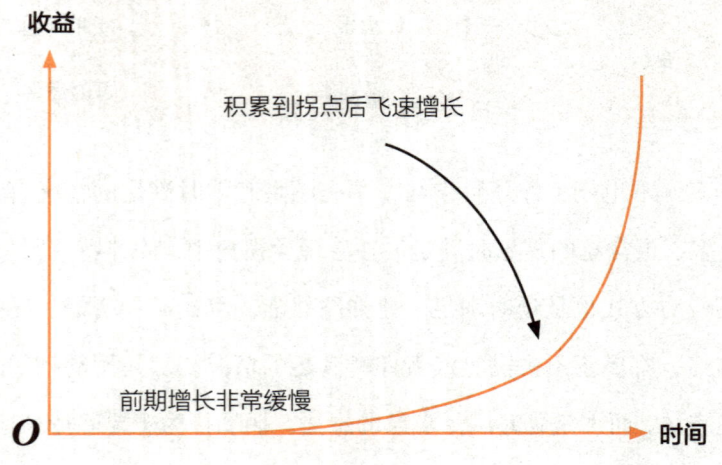

就会非常生气，甚至悲观厌世，很难坚持长期主义，对未来缺少明确的规划和明确的奋斗目标。"做难而正确的事"，这恰恰是职场人需要面对的问题本质。很多时候需要用更长的时间享受更大的复利。

二是过于侧重短时反馈机制。制订了完美的运动计划，但坚持了几天、几周没有看到效果，就没有动力继续坚持下去了，这个就是没有及时获得反馈而导致的结果。而这种情况可能进一步反馈在工作和生活上。也许我们不时地雄心勃勃，结果却经常因为缺少及时的反馈而放弃。工作不是一天两天，甚至不是一年两年的事，如果将所有着眼点都放在短时反馈上，那么我们就无法形成支撑自己长期走下去的动机。这里多说一句，包括阅读本书也是如此，不是说看完这本书就能得到怎样的反馈，更别期待马上就能得到显著的变化或提升。

三是边际效用递减原则。也许短期看，即时满足和延时满足带来的效果是一样的。但拉长周期，我们很容易就会发现，一直做同一件事情所带来的收获会变得越来越少，比如第一次玩过山车与玩了很多次的体验感是不一样的。然而，运动、阅读、写作、学习等需要耗费更多精力、更长时间才能完成的事情却是效用递增的，最终的总体回报会大于每次之和。所以，要想成功，就要学会通过延迟的、高层次的享受来替代低层次的直接快感。

只满足于即时快感，无论对个人还是企业，都是致命的。

2012年12月，张瑞敏带领海尔集团进入网络化战略发展阶段，他要拉上数万名海尔人一起，对企业进行一次颠覆。张瑞敏亲手把自己搭建的整个海尔管理体系推倒重来。海尔将转为平台型企业，实行彻底扁

平化的管理，其员工从执行者变为创业者，而由员工创立的小微企业通过海尔平台，满足用户的需求。

这是一场惊世骇俗的白电企业自我瓦解。这种从组织架构、产品结构，一直到研发体系上的变革，是企业史上从未有过的颠覆行为。海尔从一家传统企业，转变成了一家面向全社会孵化创客的平台。凭借这种颠覆精神，张瑞敏生生把一艘巨型航母拆分成一艘艘舰艇，组成了一个庞大的战斗群。

2022年，海尔已成功孵化出6家上市企业、7家独角兽公司、102家瞪羚企业、80家专精特新"小巨人"，以及4000多家小微企业，成为推动产业高质量发展的加速力量。今天，人们再难将海尔定义为一家传统制造企业，它已成为一个生态企业或者生态组织。IBM的前传奇总裁郭士纳曾这样评价张瑞敏："你是我们这一代人中最勇敢的一个。"

前文介绍的主要是舒适区、学习区、恐慌区，还有即时满足、延时满足等概念。接下来将探讨舒适区的边缘效应问题。

舒适区：刻意练习的陷阱 第5章

舒适区的边缘效应

有时，我的缺点是太过理想化。"最好"有时是"更好"的敌人，我会在应该争取"更好"时强求"最好"，结果没有任何进展，甚至会倒退。我不知道什么时候需要"最好"，什么时候只要"更好"就够了。

——乔布斯

前文我们介绍了诺埃尔·蒂奇划分的舒适区、学习区和恐慌区。这里，我们再次强调刻意练习的概念：不要重复练习已经会的，要不断寻找那些稍有难度的部分。这就涉及舒适区边缘效应了。

舒适区边缘效应

无论是个体还是群体，要想获得成就，都需要在舒适区的边缘不断扩展自己的行动范围，提升自己的行动能力。所以，如果我们学会在舒适区的边缘努力，那么就可以收获完全不同的效果。**成长就是一次次从舒适区到非舒适区再到舒适区的过程，打破舒适区你可能先要经历痛苦、**

彷徨,从而实现真正的思维突破,进而抵达下一个舒适区。找到这个规律,并用心体会,你甚至会慢慢爱上这个过程。它其实就是从"低层次的舒适区"到达"高层次舒适区",或者说扩大舒适区边缘的过程。这就是我们要探讨的舒适区边缘效应。

烧不死的鸟就是火凤凰

1996年,华为市场部让所有干部向公司总部提交了一份辞职报告,同时也提交了一份述职报告。原因就是希望这批干部突破原有的舒适区,重新回到学习区。当时,许多人觉得任正非这样做很无情,质疑华为是一家冷血的企业,而有些干部甚至借此"遭遇"离开华为。但最后事实证明,那些不怕挫折能在挫折中坚持奋进的人才是真正的能人。比如公司当年市场部代总裁毛生江,虽遭遇降职,但经过努力工作与打拼,四年过后升职为公司的执行副总裁。失败的反向激励有时候比正面的奖励更加有效,受更多困难的洗礼才有机会真正变强,也才能在工作中重新赢得尊重和信任。

我们种下的种子会经历生长的各个阶段,破壳、发芽、抽条、开花、结果……人生也是如此,每个阶段都在经历成长,只是对于自我来说,我们经历成长时可能会犯错、走弯路。我们需要不断地突破舒适区才能走出"外壳"的包裹,成为更好的自己。

事实上,我们不必时时刻刻都逼迫自己达到极限,也就是上面所说的恐慌区,最好的,就是拉伸自己的舒适区,通过学习区让自我得以成长。当我们突破之后,进入下一个舒适区时,我们自然要为自己的身心留下一个舒适的时间段,这既是为自己节省能量,也将有利于我们减少抵触情绪,为下一个阶段的突破打好基础。毕竟,职场也是人生的一部分,过程还是很重要的,如果一直都处于不确定、紧张甚至恐惧的状态,那么人生不仅无趣,甚至有点儿可怜了。

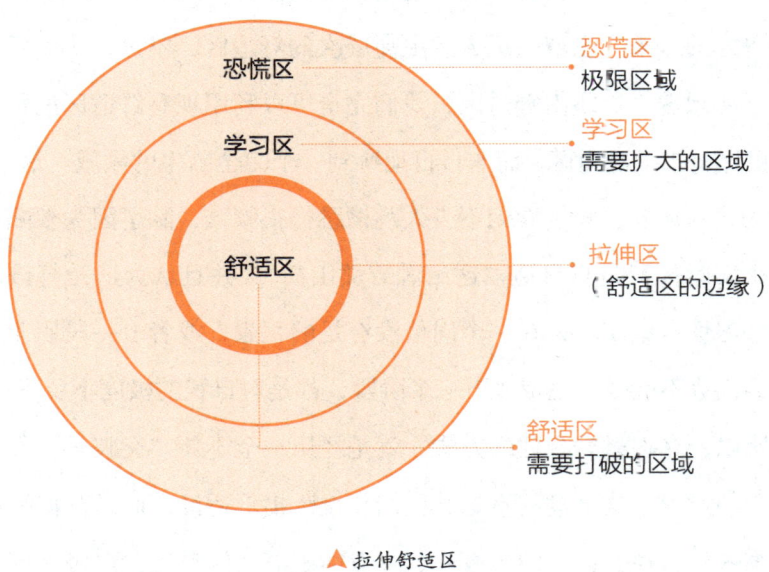

▲ 拉伸舒适区

舒适区的边缘效应的重要性

对于职场人而言,适度是一种状态,即不要对自己在有限的周期内有过高的要求。成长需要的是循序渐进的过程,因此把握舒适区的边缘效应格外重要。

寓言故事《揠苗助长》讲述的道理我们都很熟悉。假设我们没有做好充分的准备,硬是要跳出舒适区直接进入恐慌区,届时我们的能力可

能达不到。这种情况下,即便破圈也未必能更好地学习提升。长期处于高压、焦虑的状态,不但不会快速成长,反而可能害了自己。

我们强调要突破舒适区,有两方面的原因:一是对现有舒适区的担忧,害怕目前待在舒适区的能力不能适应未来社会的变化和自身的需求;二是希望成为更好的自我,希望突破舒适区使自己的能力得到提升,以获得更好的未来,也就是更大、更高层次的舒适区。不过,我们要提醒自己不要想着直接跳出舒适区,我们完全可以利用现有舒适区的资源条件,更好地扩大舒适区,而非盲目地跳到一个完全陌生的领域。这一点,在职场尤为重要。我们看到不少人跳槽跳得很频繁,除了因为薪酬、职位,很多时候只是盲目地"这山看着那山高",并且认为这是打破舒适区的好习惯。事实上,在一个岗位没有足够积累,或者上一段职业生涯积累的优势不能很好地带入下一个阶段,都是对自我的极度不负责任。

所以,真正科学合理的方式,就是经历一个不断"突破—扩大—再突破"的过程。这个过程不是让我们直接跳出舒适区,而是把握舒适区的边缘效应,在舒适区的边缘一点一点往不舒适区靠近,慢慢又把不舒适的地方变得舒适。开始可能会很慢,但是坚持下去,不舒适的感觉消失得会越来越快,因为让我们舒适的能力会越来越强。这就像我们在学习掌握一项技能的时候,前期是漫长的学习适应期,之后通常进入瓶颈期,好像没有办法突破。但是学习的过程往往是符合复利曲线的规律的,经过拐点之后,迎来的将是飞速的成长和上升。

是的,这也是一个刻意练习的过程,一个不断积累人生复利的过程。本章的最后,我们就来看看如何突破舒适区。

舒适区：刻意练习的陷阱

突破舒适区的方法

> 一个人想做点事业，非得走自我的路。要开创新路子，最关键的是你会不会自我提出问题，能正确地提出问题就是迈出了创新的第一步。
>
> ——李政道

刻意练习是要讲究方法的，想要突破舒适区更是如此。有一本书叫《高效能人士的七个习惯》，其中最后一个习惯就是"不断更新"，包括智力、身体、社会、情感和精神各个方面。书中强调，人生就是一个螺旋式上升的过程，它分为三步，就是学习、实践、坚持。你学习了一个新东西，就要想办法实践，并在实践一段时间之后，坚持把它变成一个习惯。你又学到一个新的东西，你再不断地实践，不断地坚持，不断地上升，这样你才能够变得越来越厉害。

本书的主旨是，不要简单重复同一件事，不要将自己的十年工作经历变成只有一年的工作经验，然后让剩余的九年只是简单重复。

我们为什么会在一种节奏之下不断地生活，为什么会安于自己的舒

适区，突破不了职场中的瓶颈？是因为这已经是一种本能，我们看到任何事情的时候，都会习惯以自己最省力的思维定式指引自己。

本节将从三个大的方面归纳一些突破舒适区的方法。

建立强大的自我意识，突破舒适区

人的思维导向真的非常强大，无论是积极的还是消极的。美国前总统罗斯福的夫人曾说过这样一句话："这个世界上没有人能伤害你，除非你同意。"

舒适区的本质是人的本能，我们要建立强大的自我意识，把自己的思维往积极向上的方向引导。当你积极乐观并坚信自己能做好、能做成功一件事的时候，到最后你就真的会成功，或者成为更好的自己。

建立强大的自我意识，成为更真实的自己。犯错后，不要试图找借口，要诚实地面对自己。职场尤其如此，你用一个借口甚至谎言去掩盖问题，其实就是堵塞了自己学习进步的道路，同时还会影响你的职场声誉。所以，我们要勇敢面对那些错误以及那些让自己手足无措、困扰自己的东西，持续创造学习的机会，提高进步的可能性。

建立强大的自我意识，从持续做一些小的改变开始，比如在公共场合演讲，在公司晚会上表演节目；也可以培养一个新爱好，比如乐器、画画、跳舞等。打乱日常的规律，如果你是一个夜猫子，就试着早睡然后早起，改变一下自己。

做出改变很可能带来失败和挫折，比如不论怎样也唱不好歌、画不好画，你的"作品"有时候会让你在别人眼里看起来很可笑。当别人拿

舒适区：刻意练习的陷阱

自己开玩笑的时候，你不妨适当地学会自嘲，不要太把自己当回事。

建立强大的自我意识，形成并强化积极正面的思维和语言习惯，这将帮助我们更接近理想的自我。我们总是赖在舒适区里不愿意离开，通常和我们自己对自己使用的语言有关。比如最近这段时间总是习惯熬夜，可每次熬夜时心里都有个声音："反正明天不用上班，晚点儿睡也没关系！"就是因为有这样的侥幸心理，所以便日复一日地恶性循环下去了。这一点在《正面管教》一书中也被一再强调。《正面管教》之谓正面，在于教我们用正面的和善而坚定的信念教养孩子，也在于作者正面讲述教育的细节和执行情况，手把手教我们每一步要做什么，怎么做才能既不娇纵也不严厉。

做好复盘很重要，形成自己的职场原则（清单）

瑞·达利欧在《原则》中讲道：

你自己的原则是不是系统化或者计算机化的，并不是最重要的。最重要的事情是总结出你自己的原则，最好将其写下来，尤其是在你与其他人共事的情况下。

在突破舒适区的时候，我们要通过复盘的结果，弄清楚想要克服和战胜的东西是什么，列出并持续完善我们的职场原则（清单），学会习惯让自己不舒适的东西。在职场中，我们要善用手机备忘录、记事本等工具，当然也可以拿起纸笔做好记录，定期回头梳理，把自己觉得不那么重要的或不想要的划掉，以持续完善清单。

如何形成自己的职场原则（清单）呢？这需要基于职场所需要的知

识、技能、关系等,列出自己舒适区的内容,把那些自己认为值得做但却不敢做的事情写在学习区,同时,也可列出恐慌区的内容,以寻求适时突破。这么做不仅能让我们清楚地识别舒适区之外都有哪些东西,也能让我们更清楚地知道自己的舒适区之内都有哪些东西,在我们希望扩大舒适区时更有目标。

针对自己的不舒适清单,思考如何更深入一点儿,找到突破的度在哪里。很多时候,要克服的主要情绪是紧张、恐惧。这些情绪在每种情形下是如何体现出来的?你可以给予形象而具体的描述。你害怕在社交场合走到别人面前介绍自己吗?如果是,为什么会这样?是因为你对自己说话的声音缺乏自信?还是你的外貌让你没有安全感?抑或是害怕自己被别人忽视?

这里我们再次强调,清单的作用不是让我们直接跳出现在的舒适区,而是不断扩大舒适区的范围。所以,我们设定目标时,不要逃避让自己不舒适的东西,也不要逃避那些好高骛远属于恐慌区的东西。

一步一步来,学会享受突破舒适区的过程

不论我们如何强调,想要突破舒适区,远没有我们想象的那么容易,因为这是在和自己的本能(好逸恶劳)做斗争。

若想突破舒适区,需要一步一步慢慢来,将失败视为老师,学会享受这个过程。而且,我们要像大禹治水一样,学会"疏通",而不是"堵"。疏通,就是知道跳出舒适区是如何让自己受益的,让它们作为自己在前行过程中战胜恐惧的动力。要学会享受走出舒适区的过程,享受

第5章 舒适区：刻意练习的陷阱

发现那些曾被自己忽略、有关自己的事情的乐趣。

不要想着一下子就能迅速突破舒适区，否则只会让自己感到不知所措从而再次逃回自己的舒适区，比如读一本一般情况下自己都不会涉足的领域的书。如果平时读传记，那么我们可以试一下科幻小说或者幽默小说，慢慢学会体验完全不同的阅读感受。

在这个过程中，我们可以寻找志同者，多和行动者在一起。这一点相信大家很好理解，就像我们想更好地坚持运动，那就找一个能够监督你的人。很多事情的成功都是协同的结果，强调"一个好汉三个帮"。所以，如果能在线下找到一起进步的伙伴再好不过，不论是领导、前辈，还是同学、后辈，都可以充当这个角色。如果实在没有（当然，这一点，本身也应该反思），可以试试参加线上社群，现在很多的知识付费平台在社群这方面也都做得非常到位。如果我们想做一件事情并在这方面变得擅长，那么就必须多和正在做这件事情的人待在一起，从他们身上进行学习。毫无疑问，他们的行为会对个人的行为产生影响。

以上我们只是做了一些简单的归纳，其实方法非常多，关键是知道自己想要什么，聚焦目标，行动起来。接下来，我们还将进一步向自我内心来求索，探讨持续专注、有效反馈以及情绪管理等方面的问题。

卓越者思维

- 我们面对的并不是要不要待在舒适区的问题，而是待在舒适区所产生的焦虑问题。

- 真正的卓越者，通常是那些能更好地克服本能的人，他们延时满足的能力更强。

- 职场行为想要坚持长期主义，则需要刻意练习延时满足来强化大脑的神经网络连接，使其成为自身的心理表征。

- 在职场上如果只满足于即时满足，久而久之，就会忽略整体目标的重要性，获得持续提升的机会也会越来越少。

- 无论是个体还是群体，要想获得成就，都需要在舒适区的边缘不断扩展自己的行动范围，提升自己的行动能力。

- 建立强大的自我意识，形成并强化积极正面的思维和语言习惯，这将帮助我们更接近理想的自我。

第6章

"心流"状态:
成就卓越的秘钥

互联网时代,缺乏专注力已经成为一个社会普遍存在的问题。拥有专注力,保持深度专注,已经成为改变命运的钥匙。

本章我们将进一步向自我内心探索,探讨如何通过持续专注找到"心流"状态,也会进一步分析无法专注的原因以及深度专注的方法。

什么是"心流"状态

> 专注力比智商更能影响一个人的最终成就。
>
> ——《专注》

有个说法是,三流高手靠努力,二流高手靠技艺,一流高手靠专注。在互联网时代,从各类终端涌出的各种信息不加筛选地涌入我们的大脑,我们生活的每时每刻,都会被无数的信息分心,因此专注力被称为互联网时代最稀缺的"心灵资产"。

有关专注力的脑科学

不知道大家有没有这样的感觉,如果一大群人在说话,当有人说出你的名字(或只是听起来像你的名字)时,那么很可能会立即引起你的注意。为什么呢?

脑科学家研究发现,在人体内,有一个负责信息筛选工作的系统——网状激活系统,它帮助我们形成了"专注机制"。在过去的上

"心流"状态:成就卓越的秘钥

百万年中,这项机制帮助人类把有限的注意力分配在正确的事情上。这个神经元网络接收来自躯体和感觉系统的信息输入,过滤掉不必要的信息,以便加强重要的信息传输。

> **知识探索 网状激活系统**
>
> 网状激活系统用于接收外界的刺激和感觉。每当检测到新情况时它就会变得活跃起来,在它的刺激下,大脑将保持一整天的清醒和警觉。同时,在它的作用下,我们能够了解身体或周围环境中发生的事情。

信息是无限的,而我们大脑的容量却是有限的,因此对于各种信息的轰炸必须有所"筛选"。通过筛选,我们可以高度集中精力处理更加重要的信息,从而进入专注状态,让我们的效率得到全面提升。

进入专注状态,可以让我们减轻身体的乏累。所谓的累,大部分不是身体累,而是心累,不能专注则一心多用,这样会加重身体的乏累感。所谓专注力,就是一种心无杂念地活在当下的能力,专注不但是成就卓越的关键,还是身心健康的一个特质。

专注当下,进入"心流"状态

不可否认的是,无法专注已成为现代人的通病。

蜻蜓的大脑非常小,但却有惊人的选择性注意能力。如果蜻蜓看到

113

一群微小的昆虫,它会把注意力锁定在一个猎物身上。它会放弃其他潜在的猎物,而只专注于它的目标。所以,蜻蜓捕捉猎物时非常精准,成功率高达95%!与蜻蜓相比,我们很大一部分人总是恨不得一下做成很多的事情。来自四面八方的信息让我们的大脑不能聚焦,很迷茫,不知道该专注于哪一个,更谈不上进入"心流"状态。

> **知识探索 心流**
>
> "心流"是米哈里·契克森米哈赖提出的概念。简单说,就是当你专注于正在做的那件事情,非常忘我时,你的感觉会非常敏锐,能够捕捉到所有与当下这件事情相关的信息,因此不管工作多复杂你都会毫不费力,而且会有强烈的愉悦感和幸福感。

专注于当下,专注地投入正在做的事情,是进入"心流"状态一个必不可少的前提。按照心流理论,"心流体验"是一个人的最高体验。比如运动员的"巅峰时刻",艺术家们的"灵思泉涌",都是找到了正向的"心流"。其实,能产生"心流"的活动非常多,比如做饭、运动、画画、看书,或者思考某一个哲理。总之,**要想进入"心流"状态,需要当事者专注于当下,自觉自愿,乐在其中。**

全球顶级心理学大师丹尼尔·戈尔曼曾说过:"在纷纷扰扰层出不穷的今天,要应对纷繁复杂的世界,甚至做到游刃有余,我们比任何时候都需要专注。"

那我们到底为什么不够专注或者不能专注呢?

"心流"状态：成就卓越的秘钥 第6章

影响专注力的干扰因素

知道自己究竟想做什么，知道自己究竟能做什么，是成功的两大关键。

——比尔·盖茨

职场常态

2000多年前，庄子说"吾生也有涯，而知也无涯。以有涯随无涯，殆已"。到了互联网时代，信息更是无限的，而我们的精力仍然极其有限。很多职场人面对各种琐事，总是疲于应付，精疲力竭，虽然做出了详细

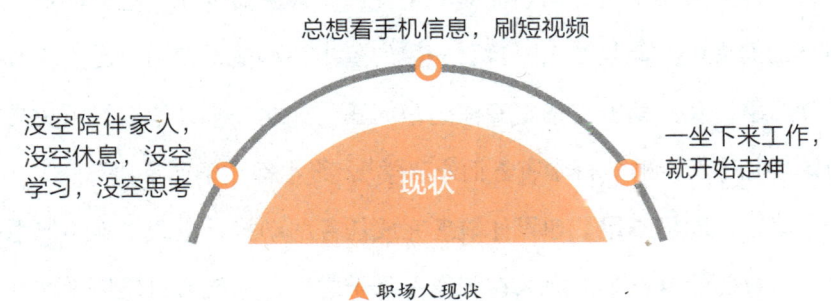

▲ 职场人现状

的时间规划，却总不能按照规划行事，无法达成卓越的工作成果。日积月累，无法专注成了职场的常态。

这些行为有些是被动的，有些则是自己主动的。比如，手机上有个功能，可以查看自己手机上各个APP（应用程序）的使用时间。假如你认真地察看一下，结果可能会令你触目惊心。其实，我们不是没有时间，我们只是被太多的事物分心，以至于无法专注。

因为无法专注，所以我们工作时总是不断地分心走神，单位时间内，我们的工作效率越来越低，结果导致我们不得不加班、熬夜去完成本该在工作时间内完成的工作。很多时候，我们感觉生活好像都被工作填满了，但却想不出到底忙了些什么。

当然，上述内容可能都只是表象，答案可能并不像你想得那么简单。我们将导致自己分心的原因分为隐性和显性两部分来探讨。

不能专注的隐性原因

第一，没有明确的人生方向。前面我们已经着重介绍过目标对于职业发展的意义，这里必须再做一次强调：不能专注，究其根本，还是在于自己没有确定长远方向。面对职场生涯，你更需要花一些时间好好想想自己的人生方向是什么，自己一生的追求在哪里，知道自己一生都要做什么事，从大的方向锚定专注这个问题。如此一来，你或许就能更好地体会孔子所说的"吾十有五而志于学"，终生都"学而不厌"。

第二，动机不足。如果你缺乏完成任务的动机，主观上就不愿意把注意力分配给这件事，那么在工作一阵子之后，你就会自发地做那些更

"心流"状态：成就卓越的秘钥

吸引自己的事。如果内在动机得到提升，你会主动地逼迫自己专心完成任务。同样，我们在前面介绍了"延迟满足"这个概念，专注的好处，也许需要一定时间才能体现，所以我们需要正确对待动机的及时反馈。职场新人更要懂得这个道理。当下，大家更喜欢"及时行乐"，在职场中，我们常常听到这样的言论："不要讲那些大道理、心灵鸡汤""努力了并没有用""道理我都懂，但还是做不好"，或者"不要跟我讲那么长远的事情"，等等。

第三，没有认清专注的价值。本章第一节强调了专注力的重要性，但专注的价值，在实际生活中，仍然被很大一部分人忽略。很多人会将职场的成功归结为专业、资源、人际关系等方面的优势，却没有体会到专注的巨大价值，不知道坚持做下去有多大的好处。我们前文所提及的"复利"，其实也是专注的一种表现。做一份工作，专注投入，长期坚持，比什么都想做却什么都没做好更有价值。

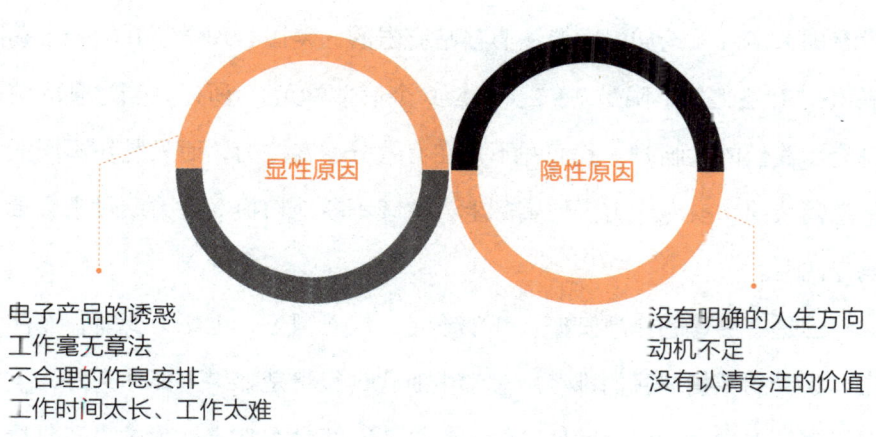

▲ 不专注的根本原因

不能专注的显性原因

一是当下品类繁多的电子产品，基于背后的算法，容易"俘获"使用者的注意力。信息时代产品设计的逻辑，就是要抢夺我们的注意力。商家吸引消费者注意力的能力高低直接影响他获利的多寡。与此同时，信息时代的产品让我们逐渐失去耐心。获得新信息能给我们带来满足感，而使用电子产品时，我们只要在屏幕上戳戳点点，就可以迅速跳转到各个有趣的界面，进入刺激的游戏世界。于是我们就越发沉迷于产品带来的"即刻满足"。然而，现实中许多重要的工作，是很难立刻出成果、即刻让我们得到满足的，因此我们很快就会感到烦躁而转向电子产品以寻求更多的刺激。

二是工作上毫无章法，不能合理安排好自己的时间。你也可以试试记录下自己一天的日程安排，这样你可能很快就会发现，你的大部分时间是在"划水"和"摸鱼"而已，真正投入工作解决问题的时间，其实没有那么多。无论如何，专注力都是有限的，美国心理学家乔治·米勒提出："专注力的上限是 7±2，即 5~9 个信息单元。"所以，当过多的信息充斥我们的大脑时，我们并不是在有效分配专注力，而只是在不同的信息间快速切换专注力。但实际上，持续不断地切换专注力反过来会影响专注度。

三是不合理的作息安排。睡眠不足，缺乏锻炼，记忆力变差，专注力容易受到干扰。我们都经历过学生时代，很清楚如果不能休息好，上课就容易走神。心理学家丹尼尔·戈尔曼说过："分散专注力的事务包括两大类——感觉干扰和情绪干扰。"感觉干扰就是对我们的视觉、听觉、嗅觉、味觉、触觉的干扰，这种干扰较容易克服。比如，我们在咖啡厅看一本书时，即使旁边有人交谈，我们仍然可以继续专注看书。另一种是情绪干扰。情绪干扰带有情绪信号，难以消除。比如，我们还是在咖啡厅看书，如果一旁人交谈的话题是关于你的，你就很难做到置若罔闻，此时你的专注力就从书本上直接转移到他人是如何议论你的上面。如果我们无法摆脱情绪干扰，就容易陷入慢性焦虑的怪圈，甚至发展为焦虑、抑郁。关于情绪的问题，我们会在第8章进一步探讨。

四是工作时间太长、工作太难。做太难或者太容易的事情，都容易让我们不专注。工作带来的焦虑，让我们逃避工作而分心，如经常性拖延，从而更加焦虑。工作太难，压力过大，会导致专注力超载，削弱心理控制能力，从而引发行为失调。比如，有时候我们在一些关键时刻，越是想竭力保持专注，反而越容易犯错。

知其然，还要知其所以然。接下来，我们将探讨提升专注力的方法。

如何通过刻意练习提升专注力

要想解决复杂问题，只需专注于那两三个决定性的影响因素就行了。

——苏世民

刻意练习的过程，无须什么秘诀的传授，也不是单纯知晓、背诵或者将某种方法重复使用"10000小时"的过程，而是需要我们每个人持续不断地尝试，包括犯错后学习所得。我们要通过练习，让网状激活系统变得越来越强。

专注力常被很多人挂在嘴边，说明很多人具备这个认知，但说到具体方法时却无从下手。从形而上的角度来看，人的身体是物质的存在，只能在当下，但人的注意力却可以天马行空，随时脱离身体到别的地方去。我们需要来自内在或外在的刺激、约束才能专注于当下。

艾伦·范恩在《潜力量》一书中说：

我们可以把挑战分解成人们认为可以完成的子任务，然后找到完成任务的一两个关键点，并关注在这上面，就会更容易进入心流状态。究

"心流"状态:成就卓越的秘钥

其根本是要改变你专注的方面以及专注的方式。

在书中,艾伦·范恩回忆了他和团队一起登山的经历:

为了安全,团队用绳子束在一起,当大家从隧道出来后,发现边上就是悬崖峭壁,看着腿发软,呼吸困难,内心非常恐惧。这个时候如果老是分心去看悬崖,很有可能掉下去,不仅自己生命不保,还会连累同伴。这种情况下,该怎么做呢?盯着前面一个人的脚步,跟着前面一个人走,一步一步,很快他们顺利攀到了顶峰。

那么在职场中,有哪些提升专注力的方法呢?

严格管理自己的时间

我们的生活不是线性发展的,职场更是如此。我们常常容易把时间分散掉,没有明确的规划,随心所欲地做事和社交。所以,要确保专注,更应该把握好当下,严格管理好自己的时间。能够帮助自己持续成长的,都需要我们一点一滴地积累。

时间管理对我们来说非常重要。在职场,时间管理能力更是一个人成就卓越的重大要素。每天最好留出一定的时间专注做事,深入进去,这样才能够探索到更多的东西。前面提过的"20英里法则",在这里,我们可以借用。比如,就像学生上网课的经历,如果每节网课就20分钟,那就给自己规定20分钟的目标,专注要专注的事务,不看手机,不听音乐,不闲聊……就是专心致志,尽量让自己不被任何事情打扰。到时间就休息,然后,再开始下一个20分钟……

时间管理应更为细化。很多人会给自己制定日程表,好像也在做时

间管理,但可能只是个模糊的提示,比如"我要开会""我要写 PPT 方案",这样只会给自己营造一种"事情没做完"的焦虑感。为做好时间管理,需要写下"具体的行为"和对应的"时间与情境",例如,"上午 10 点前完成××PPT 方案制作",将自己的时间明确而有效地进行分配。

时间管理需要劳逸结合。有些人可能以为持续盯着目标就是专注,其实不是,休息也是必要的。在快节奏的压力下,一个人很容易进入两难境地,仿佛一停下就犯了"滔天大罪",而持续工作其实又没有任何效率。所以,要学会休息,实实在在停下来,在放松中重新梳理自己的情绪。另外,充足的睡眠对提高效率很重要,如果没有足够的睡眠,工作效率一定不高。这里要多说几句,休息不是盲目地放松神经,如果放下专注的事务,把空出来的时间用来看手机、看电视、刷短视频,这样又会吸收太多无用的信息,阻碍下一个阶段的专注。前面说过,各个 APP 平台背后的算法诱惑力太大,一旦开启就容易一发不可收拾。

劳逸结合,其实是让我们有停下来思考的间隙,而这个间隙是成长的加速器。

创造不分心的环境

前面说了,不专注有主动和被动两方面的原因,在管理好自己时间的基础上,我们将进一步探讨如何营造一个让自己不分心的环境。

"心流"状态：成就卓越的秘钥

卓越者工具箱

不分心的方法

首先，尽可能地减少电子信息产品对工作的干扰。很简单的一个动作就是，关闭手机页面自动推送的各类"通知"。很多人总会自觉或不自觉地看手机，各类平台的"通知"更是让你不时拿起手机的"鱼饵"。结合时间管理，严格规定自己使用电子产品的时间。还有的人刻意在嘈杂的环境中锻炼专注力，这种练习使得他们拥有随时随地进入深度专注的能力。一个没有自律精神和自我控制能力的人，很难在事业上真正成功。

其次，"**批量集中处理**"，把自己的工作习惯设计成"**一次只专注于一件事**"。人们总是以为，多线程任务时，自己可以高效地完成每一项任务；而实际上，在任务之间不停切换时，人们更容易分心，效率更低，出错率更高。所以，我们要培养井井有条的工作习惯。比如，在固定的位置放置物品，当你需要它们时（比如需要拿水杯、找资料的时候），就不必分心去思考它们的位置了。当然，在职场中可能很难一次只做一件事，当你不得不多线程处理任务时，那就规划好每个任务的时间，这个主动权大多数时候是掌握在自己手里的。

再次，敢于对别人说"不"。说"不"这个看似简单的问题，其实困扰着很多职场人。并不是你职权范围内的工作，你却"被参与"；不在规划中的活动，你磨不开面子参加了；毫无意义的会议，你也只能长时间坐在会场发呆。时间长了，你很容易失去对时间的控制，还容易失

去自律精神。每个人的时间、资源是有限的,你不可能满足所有人的要求,做所有的事情,更不可能让所有人认同你。确定谁是你最需要直接关注的人,做好重要、紧急的事情排序,这不是投机取巧。当你判断一件事情不能做的时候,你要果断地说"不",而不是含糊其词,更不要怕"得罪人"。

最后,做好当下的自己。前文提到,很多人会因为害怕任务成果而拖延,也容易因为想象一些尚未到来的事务而分心。为此,我们的建议是:把过去、现在和未来的自己看成一个团队,这个团队由不同时刻中的"我"构成。工作中的每一个环节会分配给每一个不同时刻的"我",这一刻的"我"只需要完成当下的工作,过去的已经过去,至于未来的工作与后续的应对,自然会由未来的"我"想办法完成。让每一个阶段的"我"专注于尽己所能,才能将事情做到最好。

我们一辈子拥有的时间不是无限的,能够做的事情也不是无限的。专注的方式还有很多,本书前面说到的一些方法其实同样可以用到专注这个事项上。只要让自己形成专注的习惯,并在这个过程中体会到专注的好处,你就逐渐愿意专注地做事了,而深度的专注是改变命运的钥匙。

"心流"状态:成就卓越的秘钥

深度专注,找回"心流"状态

夫君子之行,静以修身,俭以养德;非淡泊无以明志,非宁静无以致远。夫学须静也,才须学也;非学无以广才,非志无以成学。

——诸葛亮

人类情绪和能力的优劣来自自身专注程度的差异。自我控制能力弱的人极易分心,一条热点新闻,一段有趣的闲聊,都能把他们的注意力从重要的事情上移开。而自我控制能力强的人,能主动屏蔽干扰,选择需要的信息并沉浸其中。如果我们想从人群中脱颖而出,就一定要刻意地练习这种能力,这或许就是改变命运的密钥。

很多人好像也很自律,能够从沙发上起来,能够放下遥控器,放下手机,放弃娱乐,好像付出了很大的努力,甚至感动了自己,但仍然没有变得卓越,为什么呢?在信息化的时代,我们很多人的时间、获取的信息、人际关系的处理,乃至于我们日常大多数的行为、工作的方式和背后的思维及逻辑,都已经碎片化了。也就是说,即便你现在放下了手

机，可能潜意识里还在想着又有哪个网红更新了短视频，或者脑海里还在想着某部剧的剧情。这就造成了上述的结果，其实这背后还是因为缺乏深度的专注力。

事实上，深度专注的能力在互联网时代已经日益稀缺。

什么是深度专注

《牧羊少年奇幻之旅》中提到，"当你真心渴望某样东西的时候，整个宇宙都会帮助你"。

前面我们提到了"心流"的概念，在本章的最后一节，我们将专注和"心流"两个概念合二为一。"心流"是一种心理和生理状态的巅峰表现，这是我们感觉最好、表现最好的时候——无论是心理上还是身体上。米哈里告诉我们："'心流'较强的那组人能关闭其他资讯的管道，只把注意力集中在接收闪光的刺激上。"其实我们也可以称之为"全神贯注""高度专注"或"完全沉浸"。

对于职场人而言，基于这个状态的深度工作，在无干扰的状态下进行专注的活动，能够使个人的认知能力达到极限。这种努力能够创造新价值，提升技能，而且难以复制。

沃伦·巴菲特是一个拥有深度专注能力的人，专注对他的人生和事业起到了巨大的作用。巴菲特有一个"不为清单"，只要是这个清单上的事，他是坚决不做的。他以波士顿红袜队的击球手泰德为例子：泰德只打"甜蜜球"，他把击打区划分为77个小区域，只有当球进入他的理想区域时，他才挥棒击打，因此泰德保持了最高的击打率。巴菲特也一

"心流"状态：成就卓越的秘钥

直践行这样的理念：我能分析1000多家公司，但我没有必要每个都看，甚至看50个都没必要。投资这件事的秘诀，就是坐在那儿看着一次又一次的"球"飞来，等待那个"最佳"出现在你的"击球区"。

在信息爆炸的时代，世界充满了无限的可能和诱惑，不具备深度专注的能力很难获得成功。专注于自己应选择的方向，即使出现几个可能的选择，也应该专注其一。这是事业发展的重要因素，如果什么都舍不得放手，结果往往是半途而废。

前面我们提到，一般认为注意力集中时会增加处理资讯的负担，但对于懂得如何控制意识的人而言，集中注意力反而更轻松，因为他们可以把其他不相关的资讯都剥离出去。

划定自己的"渴望象限"

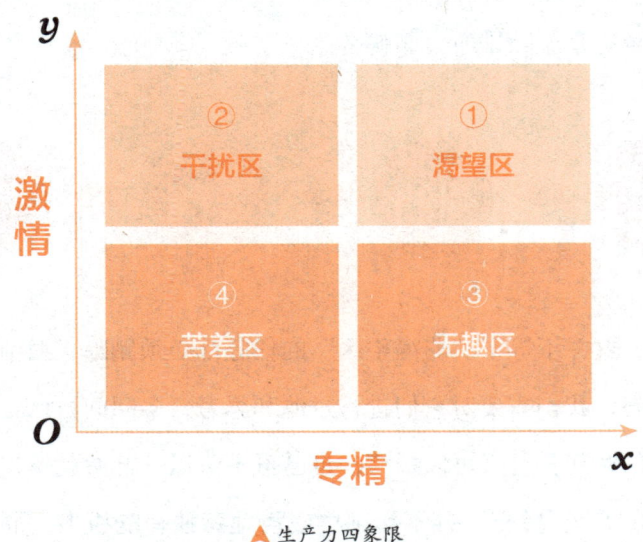

▲ 生产力四象限

如果根据"激情"和"专精"两个维度建立"生产力四象限",x轴线表示"专精",即我们的专业程度,表示我们从能力维度上是不是擅长;y轴线表示"激情",即我们的热爱程度,表示我们对一件事喜不喜欢。

第一个象限是渴望区,那是你既有激情又非常精专、工作游刃有余的区域;与之相对的就是苦差区,在那里既不精专也不想干。还有你可能专精但没有激情的区域,那就是无趣区;其所对应的就是你有激情做却并不精专的干扰区。

如果要提高效率,就要知道自己最有激情和最擅长、最专业做的事情是什么。对于渴望区的事情,要加倍去做,也就是尽量去做最重要、最擅长、最有激情的事情。不擅长的、没激情的事情交给那些擅长、有激情的人做,要学会授权。也就是说,为了持续深度专注,我们必须坚守一个原则:不是渴望区的任务,都有可能被删除。

如果要有个删除排序,那就是:

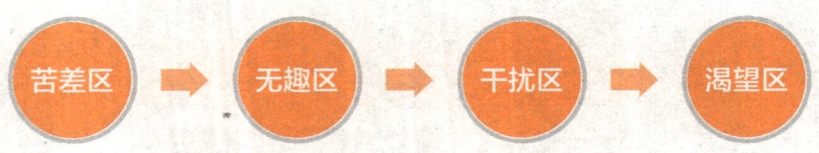

当然,这并不等于"非渴望区"的任务都必须删除,激情和擅长是动态的状态,我们需要对它们进行过滤和思考,多问问自己:如何合理安排自己的时间?是否可以授权?自己可不可以一开始就不接受它?这里需强调的是,"授权"并不是领导或管理者独有的权力,而是"领导

力"重要的组成,无论你是管理一个团队的领导,还是一名普通员工,你都应该具备授权的能力。

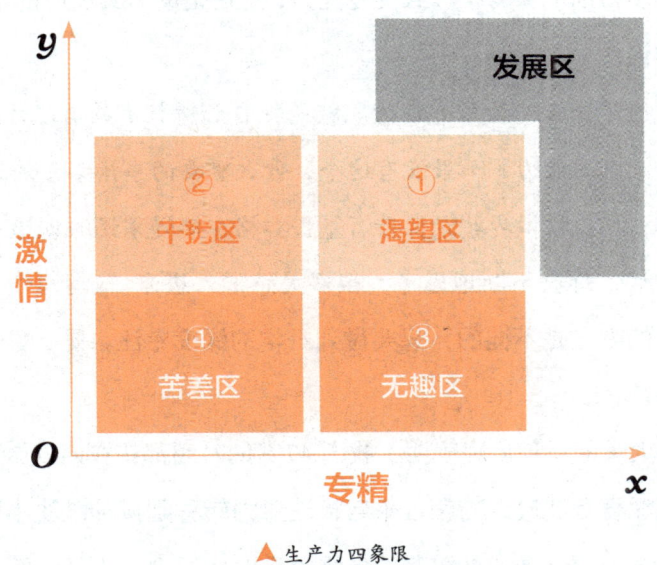

▲ 生产力四象限

生产力四象限中还有一个没有固定位置的第五区,就是发展区。这里的事务目前徘徊在渴望区外围,很可能进入渴望区。这些事务,有部分可能我们很擅长但目前还不热衷,因为没有发现它对我们的价值。这些事务可以用来培养激情。还有一些是我们无比热爱,有天赋做,却还不够擅长的事务,我们可以用它们来培养专精。这也就是我们的潜力增长区域,它和我们在第 5 章中提到"学习区"是一致的。

我们每个人的时间、精力都有限,只有学会把有限的时间和精力都专注到一个目标上,时间久了,才能厚积薄发,成就卓越。

不要低估深度专注的难度

村上春树是有名的高产作家,鲜为人知的是村上春树也是一个跑步达人。跑步帮助他获得了极致的专注力,这正是助力其高产的重要因素。他曾这样说:

跑步为了什么?为了专注力。就是把自己所拥有的有限才能,专注到必要的一点的能力,如果没有这个,什么重要的事情都无法达成。

同样,马拉松世界纪录保持者基普乔格在接受采访时谈道:"当你在奔跑的时候,你会不断地思考,很多灵感涌入进来。"但每个人获得深度专注力的方式是不同的,想要做到日常的深度专注,是一件非常有挑战性的事情。

哈佛大学的一项研究表明,我们47%的时间都花在四处游荡的思维中。**做到深度专注最大的困难来自将注意力转移到某种肤浅事务上的冲动。**所以,控制这种四处游荡的思维很重要。通常,未经训练而分散的精力会导致精神疲劳,使自己几乎不可能在深度专注和"心流"状态下工作。就像跑步一样,深度专注力跟我们的肌肉是相似的,如果不经过科学的锻炼,就很难有力量在学习时阻挡自己拿起手机看消息的想法,也很难阻挡自己在读书时思维不受控制地飘散出去。**深度专注,需要非常刻意地训练才能逐步掌握。**

在本章的最后,我们引用世界级领导力专家迈克尔·海厄特所著的《深度专注力——管理精力和时间的9种方法》一书做一个补充学习。迈克尔·海厄特围绕如何提升深度专注力,给出了3大步骤和9种方法,可以帮助我们事半功倍地达成目标。

"心流"状态：成就卓越的秘钥

卓越者工具箱

迈克尔·海厄特管理精力和时间的9种方法

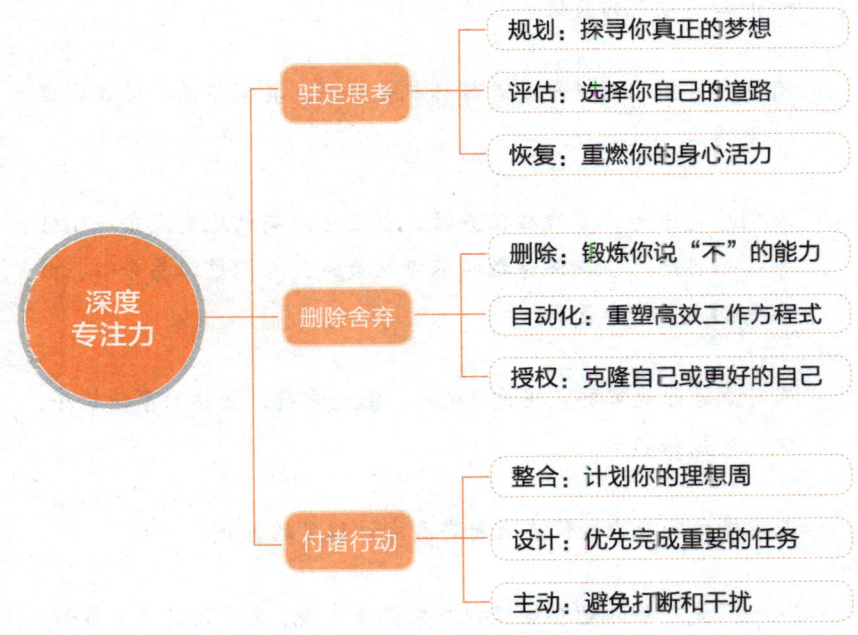

简单总结，一是驻足思考，规划、评估、恢复——梳理追求工作成效的目的是什么；二是删除舍弃，删除、自动化、授权——明确不去做的事对提升工作效果同样重要；三是付诸行动，整合、设计、主动——用更少的时间完成有更高回报的任务。

总之，找到适合自己的专注方式，付诸行动很重要。从行动中接纳反馈，从反思中成长，从而成就更卓越的自己，这是一项"超能力"。

卓越者思维

- 专注于当下，专注地投入正在做的事情，是进入"心流"状态一个必不可少的前提。

- 有些人可能以为持续盯着目标就是专注，其实不是，休息也是必要的。

- 人们总是以为，多线程任务时，自己可以高效地完成每一项任务；而实际上，在任务之间不停切换时，人们更容易分心，效率更低，出错率更高。

- 确定谁是你最需要直接关注的人，做好重要、紧急的事情排序，这不是投机取巧。

- 人类情绪和能力的优劣来自自身专注程度的差异。

- "心流"是一种心理和生理状态的巅峰表现，这是我们感觉最好、表现最好的时候——无论是心理上还是身体上。

第7章

有效反馈：
刻意练习的关键

　　成长是一个过程，过程中有成功也会有失败，这很正常，关键是如何更有效地接收正面或者负面的反馈。

　　找到适合自己的方式方法，并付诸行动，从行动中接纳反馈，在反思中成长，从而成就更卓越的自己，这是成长应该拥有的一项"超能力"。

"努力失效"的深层原因

> 学而不思则罔,思而不学则殆。
>
> ——《论语》

只有一心一意去做,排除外界的干扰,集中自己的全部力量,做一成一,这样的努力才会有价值。同时,熟练后的不断复制并不能带来"质"的提升,纯粹"刷时间式"的努力,不能得到有效反馈,就不会有成效。如孔子所说,只有把学习和思考结合起来,才能学到切实有用的知识。我们要能够从行动中接纳反馈,从反思中成长,这样才能成就更卓越的自己。

为什么努力没有成效

首先,缺乏目标感。

有些人就是为了忙而忙,不知道自己忙来忙去是为了什么,又或者认为自己的付出和自己没有关系,是在为别人付出。比如,有的人觉得自己每天工作很忙，但没有找到工作中的目标和意义，然后就会觉得也没有多少钱，还没有自己的时间，于是就会觉得心很累，没有什么动力，压根儿提不起什么劲。还有些人，现实中干着一项工作，自己理想中却有另外的工作目标，两者相冲突，结果越忙就越会给自己带来迷茫和痛苦，从而导致无效产出。

其次，不能分清轻重缓急。

疲于应付"紧急但不重要的事情"，让自己陷入只做简单重复事情的陷阱。

我们在前文提到，要做好自己的时间管理。很多人做事前没有合理的计划，做事不分主次，经常在做"不重要且不紧急的事"，疲于应付"紧急但不重要的事"，既不能优先处理好"重要紧急的事"，也不能有计划做好"不紧急但重要的事"，导致做事效率低，没有成果产出。

那么，如何做才能做好时间管理呢？

第一象限——马上做：要有准确的判断能力，确定是既紧急又重要的事情，优先处理。但如果你总是有紧急又重要的事情要做，说明你在时间管理上存在问题，要设法减少它。

第二象限——授权做：对于紧急但不重要的事情的处理原则是授权，让别人去做。

第三象限——减少做：不重要且不紧急的事情尽量少做甚至不做。

第四象限——计划做：既然是重要且不紧急的事情，那就会有相对充足的时间去准备，去做好。所以，尽可能把时间花在第四象限上，这样才能减少第一象限的工作量，它的回报是最大的。

高效能人士很注重事情的轻重缓急,能够做好优先排序;而低效能人士则不怕忙,就怕无事可做,这也是职场中很大一部分人的普遍心态。但瞎忙乎,没有成果的忙,还不如不忙。

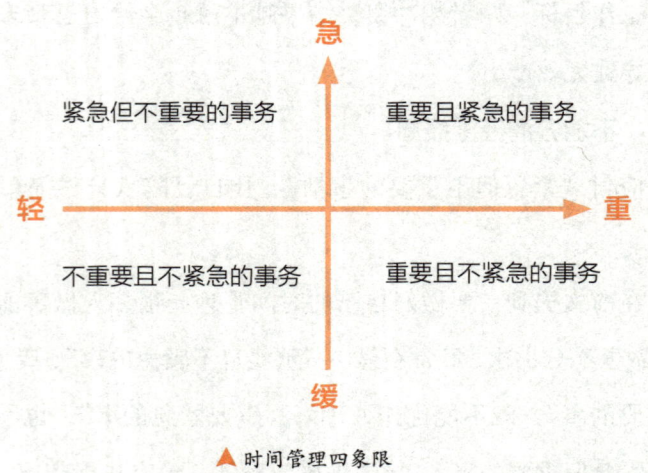

▲ 时间管理四象限

再次,只是简单重复,而没有反馈提升。

有句话叫"懒于琐事,勤于思考",但我们有些人恰恰相反。

读书的时候我们会发现,有同学从不旷课,经常泡在图书馆里看书、学习、记笔记,但成绩并不理想。其实,这只是看上去非常努力,但大部分时间用在机械地抄写上,没有真正钻研或进行有效梳理,也就谈不上自我反馈提升。

到了职场,我们同样会发现这样的人,他们好像都在加班加点,但结果是"数十年如一日",并没有真正成长。很多人习惯于花大量的时间去做容易而重复的事情,觉得忙碌让自己充实:

一个PPT方案,在所谓的字体美观上反复调整;解决问题的方法,

第7章 有效反馈：刻意练习的关键

总钻在不是关键的"牛角尖"中反复打磨；害怕别人指出自己的弱点，于是花大量时间在咨询大家的意见，用更多别人的说法来掩盖。最后发现，每天看起来做了很多事情，但能让自己持续成长的并没有多少。这样做的人，只不过是为了让自己得到点儿心理安慰，觉得自己努力了，不后悔。

所以，别再自欺欺人，要对自己诚实一点儿。

与之相反，那些能够在学习的过程中发现问题，并反向按照问题去学习相关的书籍，去研究、去比较的人，花的时间可能更少，但学习的成果更突出。职场更是如此，职场的成功没有一成不变的模式，每个人都有自己的特殊性，即便一个很成功的前辈告诉你的方法，也需要你自己再学习去消化，并且找寻到适合自己的路径，而不是完全地照搬照抄，结果就是"道理都懂，仍然成就不了更好的自己"。

最后，沉迷于"我很忙"。

缺乏行动力也是"瞎忙族"的通病，但多数人看事只看表象不想成因，将"我很忙"等同于很有行动力。

高效人士明白，没有行动，一切都是零，而且只有得到有效反馈才能持续提升。那些"瞎忙族"更多的时候是做事害怕犯错，行动畏首畏尾，迟迟不交成果。他们做事的时候，往往是为了让所有人都满意，尤其是对"自己"满意，而不是对做成事满意，于是过于广泛地听取意见，将时间浪费在"拉锯"上，导致决策困难，没有落地。

"把事情做对"很重要，但"做对的事"更重要、更有价值，正确地努力才能让自己变得更好。所以，不要沉迷于很努力的假象，结果会告诉你怎样的努力才有价值。

有效反馈的本质

> 一个人最了不起的超能力，就是改变自我的能力。
>
> ——《纳瓦尔宝典》

很多人认为没达到目的就是失败，但NLP（神经语言程序学）里有一句名言叫"没有失败，只有反馈"。

这一理念充分地展现了人的意志力的潜力，如果你持上述观点，认为成败是一种评判，反馈才是事实，那就是给自身需要改变的一个信号。成功是正反馈信号，失败是负反馈，你需要做的是根据不同的反馈信号做出调整或者保持状态，从而能够百折不挠或者乘胜追击，以达成更好的效果。

比尔·盖茨曾做过一次演讲，开场白是"Everyone needs a coach（每个人都需要一名教练）"。他说："无论你是篮球运动员、网球运动员，还是体操运动员，或是打桥牌的，我们都需要能给我们反馈信息的人，这是我们不断自我发展的方式。"生活中的"教练"不一定比你懂得更多，

有效反馈：刻意练习的关键 第7章

也不一定比你在事业上更专业，但与他会谈，你可以完全打开自己并收到他的有效反馈。这种有效反馈正是"教练"的最高价值。人生所有的成长都是经由不断地修正而达致完善，要想成就卓越，首先要正视每一次的经历，成功时总结经验，失败后掌握教训。那对于自身而言，到底什么是有效反馈呢？

什么是有效反馈

有效反馈常被用于描述领导力，它大多数时候指的是领导者对被指导者的行动给予积极的、具有未来导向意义的反应，并以此进行激励的技术。

有效反馈分为两种，一种是积极性反馈，另一种是发展性反馈。

———— 知识探索 积极性反馈 ————

积极性反馈，是指点增强被指导者自信心的赞扬和认可。积极性反馈的要领有三个，即行为（Behavior）、影响（Impact）、欣赏和感谢（Appreciation），简称BIA。积极性反馈就是要就自己所观察到的正面行为及其所产生的积极影响，做出相应的欣赏或感谢的行为。

发展性反馈要向对方描述自己所观察到的错误行为，及其所产生的负面影响，并指出对对方的具体期待。

知识探索 发展性反馈

发展性反馈，要明确而具体地指出被指导者需要改善的地方。发展性反馈也由三个方面组成，即行为（Behavior）、影响（Impact）、期待（Desired Behavior），简称 BID。

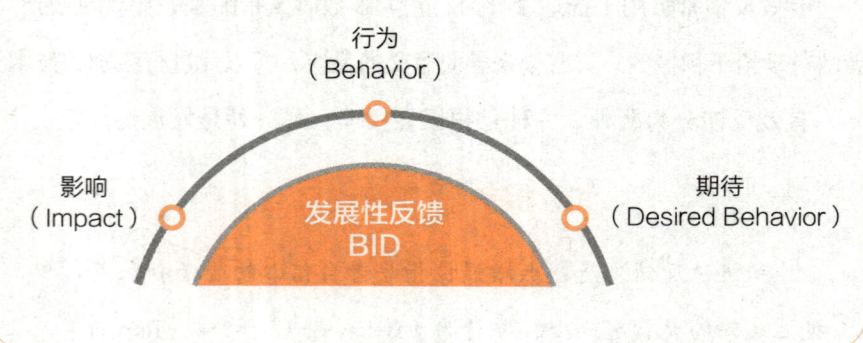

积极性反馈和发展性反馈不同于表扬和批评，它们是以中立、客观的态度反应实际情况的方式。

延展这个概念到自我提升层面，我们可以这样理解：有效反馈是对自我的深刻剖析，用以帮助自己改进学习的最佳方法。有效反馈包含对自我的肯定，也包含深刻的反思，可利用自身对外在信息的分解取得具体、可衡量的进步。在这个意义上，有效反馈通过激发个人学习和提高技能的欲望，帮助个人增强成长心态。

有效反馈：刻意练习的关键 第7章

我们在对他人做有效反馈时需要注意反馈的对象，以便让他能更好地接收反馈信息，对于自己来说也是如此。反馈就像一面镜子，能够帮助我们看清真实的自己。所以，不论是对他人还是对自己，**有效反馈应该是具体且及时的**，关注出了什么问题，什么是正确的，以及为什么正确；**有效反馈应该指引它的对象做出更优选择和制定策略**，而不仅仅向他们指示预期的最终状态。**有效反馈应对反馈对象的努力或成果表达赞赏**，它会传达出同理心或者信任感。

有效反馈可以帮助你尽可能地接近真实的自己，尽可能让自己变得完全透明，既能看到自己的优点，也能认知自己的缺点，从而能够做到像鲁迅先生所说的那样——"解剖自己"。如果我们能够有效接收反馈，就可以更高效地在自我调节的反馈周期中不断取得进步。

有效反馈的五大特征

"吾日三省吾身"，反馈的核心能力之一是观察。

观察，看似简单却很复杂。外界需要我们用眼睛观察，自身则更需要我们用心"观察"，"知人者智，自知者明"，自以为很了解自己，很有可能是个假象，而且这个假象很可能会牵引你到一个虚无缥缈的地方。

你可能无数次地这么循环往复、当局者迷。因为自我服务偏差，人们总是过分强调自己对成功的贡献和尽量减少自己对失败所负有的责任，这使我们不能客观地评价自己的得失。结果就是，我们更难放下自己的偏见、假设、担心，也会做出非理性的期待和不客观的评判。

有效反馈需要具备的五个特征:

(1)有效反馈侧重事,而非人。

(2)有效反馈要积极发展。用积极的内容开场,人们就不会认为你是在攻击他们,也不会陷入自我否定,从而让你能更好地获得反馈,接受新的解决方案。

(3)有效反馈要准确量化。有效反馈一定要准确、具体。我们应给出细节,并以真实为前提。

(4)有效反馈要有正负比例。你可以为自己设定一个对你有效的反馈比例:百分之多少的正向反馈以及百分之多少的负向反馈。

(5)有效反馈要专注于问题,触发行动。有效反馈只专注于问题,通过问题帮助人们寻找答案并触发行动。

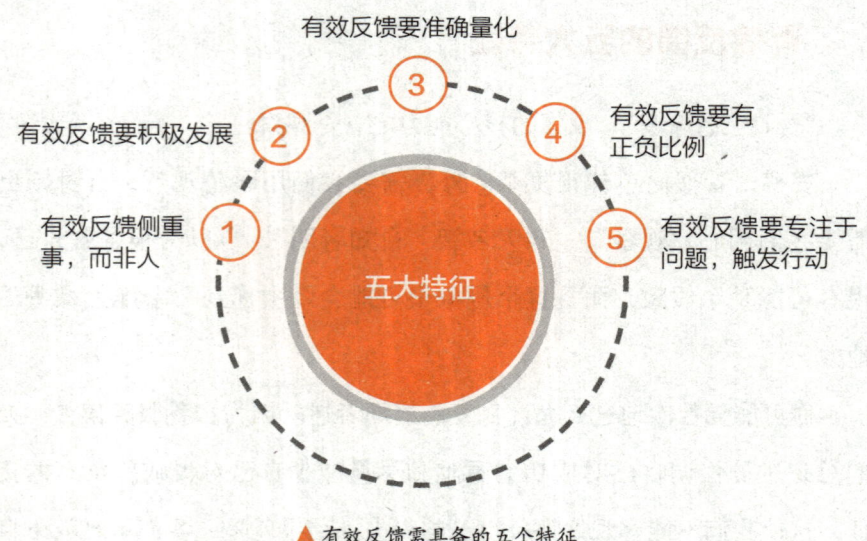

▲ 有效反馈需具备的五个特征

有效反馈的4A准则

第一个准则是致力于帮助他人（Aim to assist）：反馈是为了把事情做好，不是为了发泄，更不是为了中伤或自我否定。

第二个准则是可行性（Actionable）：反馈应该是经过仔细考虑，能行得通的，付诸行动后可以让事情得到改善或者变得更好。

第三个准则是赞赏和感激（Appreciate）：收到反馈的人要坦诚对待反馈，屏蔽掉主观负面情绪，找到真正的问题，然后改进，对每一个有效反馈心存感激。

第四个准则是接受或拒绝（Accept or discard）：未必每次反馈都要接受，有时候反馈的信息还有可能不够全面，你可以基于自身的客观情况再做进一步动作。

总之，面对有效反馈，需要客观、真实且积极正向地看待，不能因为害怕现实而回避问题。在此基础上，要明确方向及方法，得出解决问题的具体可执行化的策略，而不是含糊其词。有时还可能是再三反复的过程，如此才能得到更大的成长与进步。

10000 小时的刻意练习

构建反馈思维，持续迭代优化

> 无论一个问题多么复杂，如果能以正确的方式看待，它都会变得简单起来。
>
> ——德内拉·梅多斯《系统之美》

正如前文所说，反馈在我们的生活中无处不在，发挥着特别重要的作用。需要即时反馈是人的本能，于是反馈思维也变得越发重要。反馈缺失，人就很容易失去方向和目标，使问题的发展处于一种自发状态，并最终陷入困境，无法被解决。一个人做需要长期坚持的事情时，是需要给自己持续正向反馈的。久而久之，这会使人前进得越来越轻松，并变得更自信，效率更高。

什么是反馈思维

上文我们提到反馈是领导力的重要体现，它可以被分为零级反馈、一级反馈和二级反馈。零级反馈是指别人做了一件事之后，我们没有给予任何的反馈；一级反馈是指给予简单的认可，如干得好、真棒、不错，等等；二级反馈是指不但给予对方行动认可，并且夸奖对方的具体行动。

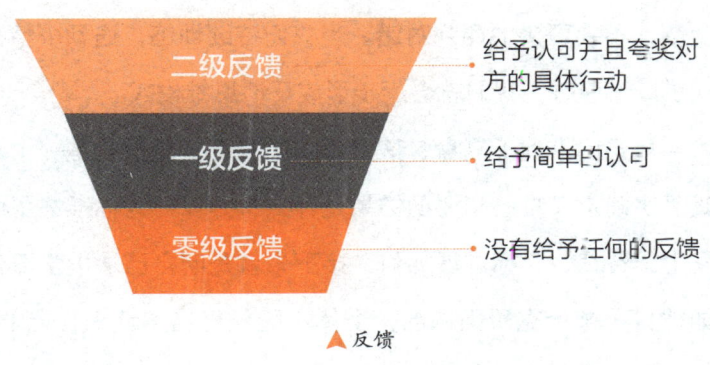

▲ 反馈

对于自身，是否也是如此呢？你做了事之后是麻木无感、下次只能简单重复，还是将之分为成功与失败，只挑成功的重复，或者真正总结得失，得出规律，持续提升？这决定了一个人能否实现持续成长。

有效反馈能让我们第一时间知道自己做得好还是不好，激发自己持续前进的动力。有反馈才会有进步，但反馈的形式多种多样，作为职场人不可能穷尽所有方法。所以，我们更应该建立的是反馈思维。

习惯一旦形成之后就很难被改变，我们固有的思维方式需要经过刻意练习，才能转变成有效的反馈思维模式，这需要一个有意识地长期练习和培养的过程。不论我们总结了多少经验，都不可能确保每次都成功，真正厉害的人也不是"百战百胜"，而是构建一套有可能持续成功的系统，让成功的概率更大，这就是反馈思维：一个人在获得反馈信息后，能够

充分利用这些反馈信息来提高自己,用理性的思维看待这些反馈信息,将其运用于生活中或者工作中,持续迭代优化,从而让自己具备更大的优势,持续增加成功的可能性。

从原来习惯性地判断事情的对错好坏,调整为告诉自己,应做更多的客观反馈,不要直接地评判对错。当我们持续训练,遇到事情都是以反馈模式予以反应时,我们就会逐步形成反馈思维模式。

在第4章我们讲到了复盘,这里再强调一下,复盘就是一个有效反馈的工具。明确定义自己想要的结果是什么,并以此为标准去了解、分析当前发生了什么,目标进展如何,接下来就是问自己从中学习到了什么。正如彼得·德鲁克所强调的,个体不能凭想当然认识自己的长处,要用科学的方法来分析自身的长处。在他看来,了解自身长处的唯一方法就是反馈分析法:

每当你做出一个重大决定或者采取一项重大行动时,先写下预期将发生什么,9~21个月后,将实际结果与你的预期进行比较。

通过反馈的视角帮助自己更好聚焦,找出现实和目标的差距,并由此形成下一个可以采取的措施。方法其实很简单,但难在坚持,或许我们更应该学会如何建立反馈思维。

如何建立反馈思维

反馈思维实际上是一种系统思维。什么叫系统思维?**一个系统由三个部分构成,即要素、连接和功能(目标)。**

一个系统为了实现一定的功能,要将各个部分通过各种关系连接起来。一个适应力强的系统，其中具备反馈回路的连接往往也是非常复杂的。比如开车这件事就是一个系统思维，分析这个系统就会发现，当前面一马平川的时候，我们会加油门；当有障碍物的时候，我们就会踩刹车。也就是说，我们的动作是根据反馈信息采取的，而这个过程已经形成了我们前面所说的心理表征。

首先，要在思想信念上进行调整。 从原来习惯性地判断事务的对错好坏，调整为告诉自己更重视事实的反馈。从心态上认识到，每一个工作经历都是财富。比如定期回顾自己上一个阶段的工作，不论是成功还是失败的案例，都重新标注，对照之前的处置方式提出新的方案，并思考从这个项目中学到了什么，如何在下一阶段应用，以及带来了什么样的经验教训。强化这个刻意练习的过程，然后逐步调整自己的思维模式，让自己在遇到事情时的第一反应都是反馈模式。

其次，你必须要有输出。 反馈大多数时候要基于输出的成果来发现问题。有些人有"完美主义"倾向，太在乎自己在别人心目中的形象，为了维护自己想象中的形象，在面对自己没有把握的事情不愿意输出，不愿意承担结果。在职场上表现出来的行为可能是拖延、跟风、不负责任等。如果确实担心过多地输出不符合自己的组织文化，我们可以从很小的事情做起。获得反馈的方法有很多，你可以适时陈述一些观点，在内刊或者公众号甚至论坛上写一点儿东西……总之一定要有输出，然后积极吸收、反馈，不断地对输出的结果进行优化。

最后，快速行动，反馈迭代。 本书中，我们反复强调当下这个信息化时代日新月异（包括元宇宙、ChatGPT 带来的冲击），让我们感觉时时刻刻都在面对大量的不确定性。而这些不确定性的因素都恰恰指向反馈与优化，反馈迭代是比追求完美更加切实可行、更加高效的解决方案。精益创业核心理念中最小可行产品（MVP）是快速试错、反馈迭代的原理。而所有的互联网产品更是追求小步快跑、试错迭代的方式。毫无疑问的是，快速反馈迭代的成果显著。正如我们在描述拖延症时所阐述的观点，身在职场，快速行动起来是终结拖延症的有效方法，在这里，它也是建立反馈思维的必要练习。

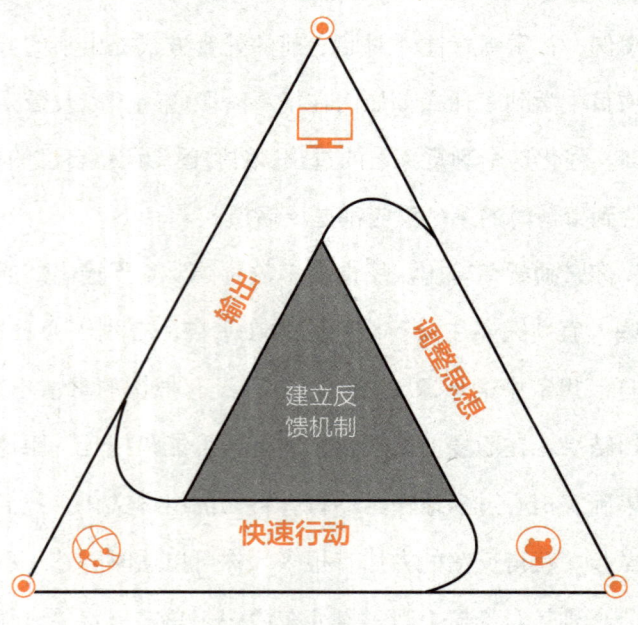

▲ 建立反馈机制

SBI 反馈法让你事半功倍

登高而招，臂非加长也，而见者远；顺风而呼，声非加疾也，而闻者彰。假舆马者，非利足也，而致千里；假舟楫者，非能水也，而绝江河。君子生非异也，善假于物也。

——荀 子

有效的反馈能让我们第一时间知道自己做得好还是不好，也会极大地激发我们前进的动力。反馈不是简单地把自己所观察到的、所感受到的直接告知"对象"，而是要注重反馈的方式方法。SBI 反馈法，能让你事半功倍。

什么是SBI反馈法

SBI 是一种用于提供有效反馈的模型，它包含情景界定（Situation）、行为描述（Behavior）、行为影响（Impact）。

情景界定： 明确描述观察到的行为具体都发生在哪个时间点或者地点，当时有什么人。这里对时间、地点和人物的描述越具体越明确就越好，而不是进行笼统的描述，这样会帮助反馈对象回忆当时的情形，做到对事不对人。

行为描述：这一步是SBI环节最有挑战性的部分。这一步要求我们必须控制自己的语言，只谈你观察到的行为。帮助反馈接收者确切地了解自己所谈论的行为，想象自己在播放一个视频，只描述自己的所见所闻，避免评判。

行为影响：描述自己观察到的其他人因为这个行为而产生的做法、想法和感受。与反馈接收者分享其行为对自己和现场其他人的影响。这里可以是感受、想法或者是一些结果。在团队里，行为的影响也可以是工作成果、客户满意度等。

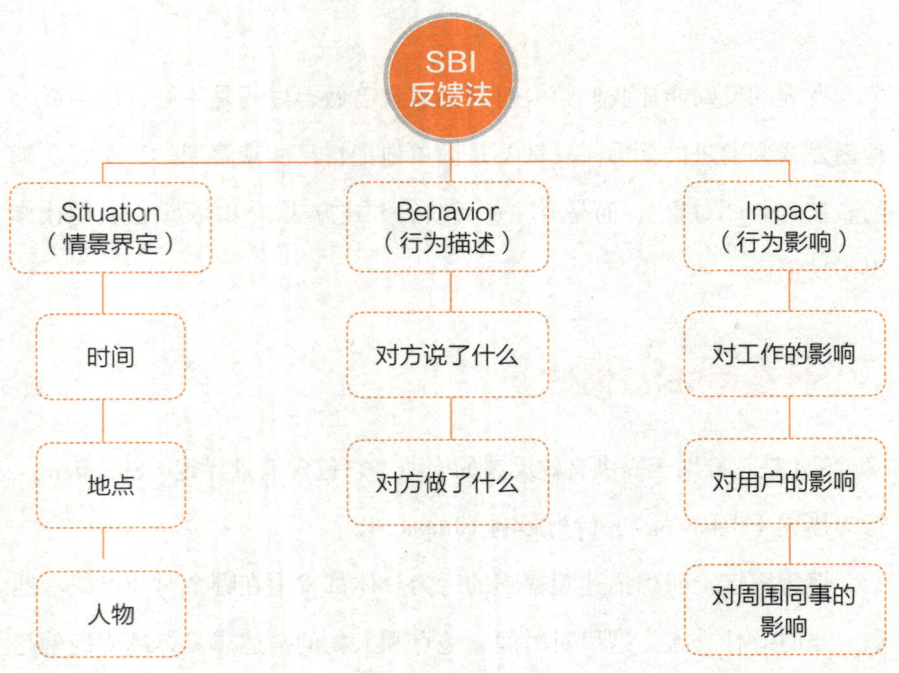

有效反馈：刻意练习的关键

有效反馈分为积极性反馈和改善型反馈，即正面反馈和负面反馈。进行反馈的时候，需要陈述事实，做基于事实的反馈，避免加上一些主观的价值判断，从而让对方更容易接受。

具体的做法如下表，描述时间、地点、人物，对方的所作所为，以及对工作和他人产生的影响。

SBI 反馈法示例			
情景（具体时间、地点和人物）	行为（可观察到的行为）	影响（对自己、他人或者团队的影响）	属性（积极性或改善型）
你做的那个项目，我之前拖了很久，一直想做却不知道从哪儿下手	看你做了才明白，发现你花了大量时间调研，又找了好几个部门的相关同事了解	最终把这个项目完美呈现，用户体验得到了提升。做得太好了，谢谢你	积极性
在昨天下午的周例会上	你多次打断正在汇报的同事	搞得他很窘迫，这可能会影响到团队积极发言的氛围	改善型
在我们今天上午的销售会议上，当我开始分享上周销售数据的时候	你走出了会议室，后来你带了一杯咖啡进来	我的思路被打乱了，并且你回来后，我不得不重复已经给大家分享过的信息	改善型
在今天早上会议结束时	你总结了我们讨论过程中的每个关键步骤	让我感觉很高兴，帮助我们强调了每个人会后的行动	积极性
在刚才的谈话里	你默默地微笑着看着我，一直在聆听我的讲述	我非常受用，我有一种被信任的感觉，谢谢你	积极性
上个月客户的修改方案，如果以后改完一个版本耗时比较久	其间如果能够及时和客户沟通，比如每周告知对方目前进展	对方会更容易理解我们的工作	改善型

151

SBI反馈法需要注意的点

1. **SBI 要及时**。平时要多留心、多观察，注意到对方的某个行为产生了影响之后，及时表明自己的态度，并及时给予反馈。这个时候行为刚结束不久，容易加深对方的印象，强化（积极性）或者避免（改善型）类似行为的出现。

2. **做完 SBI 反馈之后，不要轻易谈承诺**。不要把反馈和承诺直接挂钩，不然总用外在刺激，某一次失去外在刺激就会造成懈怠。比如，不要对这些肯定给予所谓"等价交换"的回馈，如"这次做得太棒了，我要通宵打游戏好好放松一下""我要买个手机犒劳一下自己"；表扬完下属之后，也不要马上说"我会给你升职加薪"，这并不利于反馈对象的长期成长。反馈之后，不论是对自己还是对他人，都需要给一个消化的过程。

3. **给予负面反馈的时候，一定要当下给出一个更为理想的 SBI 解决方法**。纯粹只是自我埋怨、指出问题而没有提出改善性的方法或建议，这样做并不完美。我们可以通过具体的改善措施，以及告知对方如何追踪改进效果来帮助对方加深理解、强化记忆。

4. **要能灵活应用 SBI 反馈法**。刚开始练习的时候，我们可以严格按照 SBI 反馈法的顺序去做，但熟练了的话就不要再强化这一二三的步骤，而是要做到不着痕迹地灵活运用。因为用得多了，不论自己还是他人，都容易产生"被工具操纵"的感觉，反倒不易被接受。

SBI 反馈法的三个步骤解决了"如何说"的问题，但是一个完整的有效反馈，仅仅做现象的描述还不够，还需要后续的动作来强化或者改

第 7 章 有效反馈：刻意练习的关键

善，以帮助接收反馈者实现真正向好的发展。

SBI 反馈法更多的时候被用于工作的情景，成为领导者"教练角色"的重要工具，但适用情景绝不限于上级对下级的表扬和建议，或者下级向上管理、跨部门协作谈判等工作范畴。对于个体的自我反馈提升，它也同样适用。SBI 反馈法就像不同的"透镜"，让我们能看到更多维的景象，更重要的是，这些景象都是真真切切的事实，可以客观而全面地完善我们对自我的认知。尤其是当我们面临混乱不堪、纷繁复杂且快速变化的局面时，反馈会帮助我们把所做的事情坚持下去，而且越能够更好地运用 SBI 反馈法，效果就越好。SBI 反馈法，可以让自己看待事情的视角更加积极，对别人的所作所为也会更加认可。**有效的反馈可以给我们提供持续的动力，让我们的职场发展事半功倍。**

著名物理学家李政道说："能正确地提出问题就是迈出了创新的第一步。"行有不得，反求诸己。SBI 反馈法能够帮助我们提供明确且有针对性的反馈。我们可以通过反馈不断地对自己做出调整，不断地循环反馈、调整，最终促成自身的成长。

在接下来的第 8 章，我们将进一步"向内求"，从自身的情绪着手，寻找进一步的提升之道。

卓越者思维

- 高效能人士很注重事情的轻重缓急，能够做好优先排序；而低效能人士则不怕忙，就怕无事可做，这也是职场中很大一部分人的普遍心态。

- 没有行动，一切都是零，而且只有得到有效反馈才能持续提升。

- 我们在对他人做有效反馈时需要注意反馈的对象，以便让他能更好地接收反馈信息，对于自己来说也是如此。

- 因为自我服务偏差，人们总是过分强调自己对成功的贡献和尽量减少自己对失败负有的责任，这使我们不能客观地评价自己的得失。结果就是，我们更难放下自己的偏见、假设、担心，也会做出非理性的期待和不客观的评判。

- 不论我们总结了多少经验，都不可能确保每次成功，真正厉害的人也不是"百战百胜"，而是构建一套有可能持续成功的系统，让成功的概率更大。

第8章

情绪管理：
突破成就卓越的阻碍

随着来自社会、家庭、组织以及自身压力的增加，职场焦虑成为一个普遍现象，但焦虑的根源往往不是外在的问题，而是个人的情绪。

如何控制情绪而不是被情绪控制，如何让自己更有耐心，拒绝情绪杀手——本章将和大家一起探讨情绪管理的原理、方法，从而让大家获得更持续的成功。

探寻焦虑的深层原因

很多时候人感受到的痛苦，往往不是来自痛苦本身，而是来自自己的想象。

——樊 登

什么是焦虑

焦虑指的是对于未来发生的不确定之事感到忧虑，担心会遇到一些问题或麻烦。实际上，焦虑人人都有，它是一种正常、健康的情绪，所有人都会拥有这种感觉。

从某种层面来看，焦虑和恐惧十分相似，甚至可以说焦虑就是恐惧，只是两者产生的时间和强度有所不同。比如，面对突如其来的危险，大部分人会感到恐惧，而人们为不确定的未来担忧时，虽然还没到恐惧的程度，但有一部分人会焦虑。

在日常生活中，所有人都可能会有一些焦虑，但主要是出自对一些事情的提前预测或对出现意外状况的担心。比如在生活中有些人会考虑买保险,在职场中有些人会担忧自己哪些方面做得不够好,而父母的焦虑可能就更为明显,来自孩子的教育与成长。在适当的时间和地点,焦虑可以督促我们前进,帮助我们避开危险。但一个人如果过度焦虑,就会产生不适感,表现为过度担心、精神紧张,甚至食欲不振、长期失眠。比如疑病症患者,他们稍有状况就异常敏感,希望找医生给自己诊断,这种情况就需要及时进行干预。

数据统计,大概有 1/3 的女性和 1/5 的男性会有焦虑障碍,还有 1/7 的人有社交恐惧症,1/10 的人偶尔会出现惊恐,1/30 的人有广场恐惧症。

焦虑的症状表现不同,有时还让人摸不着头脑,常常上一秒觉得明白了,下一秒又感觉很困惑。如果我们想摆脱焦虑,那就要先了解清楚"病情":焦虑的根源在哪里?

焦虑的根源

20 世纪 50 年代,一位记者在采访时任英国首相的哈罗德·麦克米伦(Harold Macmillan)时,问他在政治生涯中最害怕的是什么。麦克米伦答道:"状况,小伙子,是层出不穷的状况。"美国人也常爱说:"糟心事儿总会发生的。"

焦虑主要是因为对于未来不确定性的担忧,也就是说,一个人焦虑的核心原因就是过多地关注未来,而非基于当下和过去的自己连接。

造成焦虑的原因通常包括生物因素、心理因素以及诱发因素三个方面。

生物因素:从大脑的角度来看,杏仁核的功能是在感知到威胁或缺乏安全感时,向大脑其他部分发送神经脉冲。焦虑的人往往杏仁核太发达。

当压力来袭时，我们一般分泌两种激素来应对压力：应对短期压力，比如来自上司的指责，来自他人对自己的攻击，就会分泌肾上腺激素（使心率加快，增强感觉，让血液流向更多参与应对危险的肌肉、内脏）；如果是应对长期压力，就会分泌皮质醇（也称"压力激素"）。

▲ 造成焦虑的三类因素

另外，遗传因素，比如有家族病史的人是患有焦虑的高风险人群之一；还有神经影像因素，如前额叶、下丘脑等区域结构或功能异常，也会导致焦虑的产生。

心理因素：焦虑也可能是心理因素造成的，因自身或外部因素使得患者出现恐惧、压力、过分担忧等情况时，如果自身的"防御机制"不能有效应对，就会出现焦虑症状。

焦虑症患者常常会有"负性认知三联征"——自身、世界和对未来的负面看法。比如在职场，你或许已经有不错的表现，获得了升职加薪，但焦虑的人就会想下一次升职加薪是什么时候。整天想着还没有得到的东西，而不是享受当下。还有就是认知失调，认为理想与现实中的自己有巨大差距。如果设想自己太完美，尤其认为自己应该成为某个想象中的形象，当不如意时，就会更加自责甚至自我惩罚，从而引发焦虑。这些都是心理因素。

但我们必须强调，并不是某种性格就一定会特别焦虑。人是能通过

情绪管理：突破成就卓越的阻碍

改变行为来改变自己并塑造一个全新的自己。

诱发因素：诱发因素也会导致焦虑产生，包括外伤、严重的疾病、不好的生活习惯、长期累积的压力、其他精神疾病、摄入过量酒精或尼古丁等。这类焦虑的产生比较好理解，通常涉及药物治疗，不过这不是本书要阐述的重点。

但这里要特别讲一点，本书主要是给职场新人阅读的，也就是当下的"Z世代"（通常是指1995年至2009年出生的一代人），甚至即将到来的"i世代"（伴随着苹果、安卓手机等类似设备成长起来的人）。这些人接触社交媒体以及网络较多，可能更容易受网络影响而产生焦虑。

除了上述两个特定世代人群，这里引用格力电器董明珠女士的一段话来送给职场女性：

对于职场女性，年龄不重要，心态很重要。有梦想，就不会太在意年龄带来的焦虑。其实人美与不美，指的并不是你长得漂不漂亮，而是内在里透出来的精神，这才是真正的美。我已经70岁了，好多人说我早该退休了。但是我还有能量，有干不完的事，我的梦想还在。我觉得我们要有一个坚定的信念，无论我们所处什么行业，要在自己的岗位上，每一天做到问心无愧。

焦虑一旦开始，就会从我们身上汲取养分并不断发展。焦虑引发的生理症状会使人感到不安和害怕，由此引发对恐惧本身产生的恐惧，并逐渐形成一种恶性循环。所以，不能逃避，要控制情绪以积极应对焦虑。

10000 小时的刻意练习

坏情绪是成功路上的绊脚石

无论人生上到哪一层台阶,阶下有人在仰望你,阶上亦有人在俯视你。你抬头自卑,低头自得。唯有平视,才能看见真实的自己。

——杨 绛

进入本节,我们开宗明义地表达:大多数时候,影响我们情绪的,往往不是事情本身,而是我们对事情的态度和看法。压制我们的不是事情本身,而是自己糟糕的情绪心态。

什么是情绪

情绪,是对一系列主观认知经验的通称,是人对客观事物的态度体验以及相应的行为反应。一般认为,情绪是一种以个体愿望和需要为中介的心理活动。美国心理学家保罗·艾克曼指出,人类的四种基本情绪(喜悦、愤怒、悲伤、恐惧)所对应的特定面部表情,为世界各地不同的文化所公认,包括没有文字、尚未受到电影电视污染的人群,这说明情绪具有普遍性。达尔文更是一针见血地指出，情绪帮助动物们适应环境。情绪是有机体适应生存和发展的一种重要方式，如动物遇到危险时发出恐惧的呼叫，就是动物求生的一种手段。

人的情绪好坏会直接影响人的活动能力和工作效率的高低。正面的情绪起到促进协调和组织的作用，有利于工作效率的提高；负面情绪则会降低人的活动能力。过度焦虑会使人的认知水平和操作效率下降。

作为职场新人，踏出校门进入职场，本身就在经历一个急剧变化的过程：人生的前 20 年大都处于受保护的状态，而进入职场后，需要自己面对来自生活、工作、情感等各个方面的压力。这个时候人最容易产生各种消极情绪，比如担忧、恐惧、不安、迷茫等，一方面是因为还残留的学生思维在作祟（如知乎平台上有一个热议的话题"年轻人自嘲'脱不下孔乙己的长衫'"）；另一方面是因为职场的陌生环境带来不确定性，它本身就要求我们积极调整以更好适应。在这种情况下，我们稍不留神，就容易被消极情绪引导而慌乱择路，做错选择，错过职场发展的重要阶段。

一般认为，情绪是主观因素、环境因素、神经过程和内分泌过程相互作用的结果。美国心理学家沙赫特认为，情绪的产生可以归因于刺激因素、生理因素和认知因素三者的整合作用。其中，认知因素中

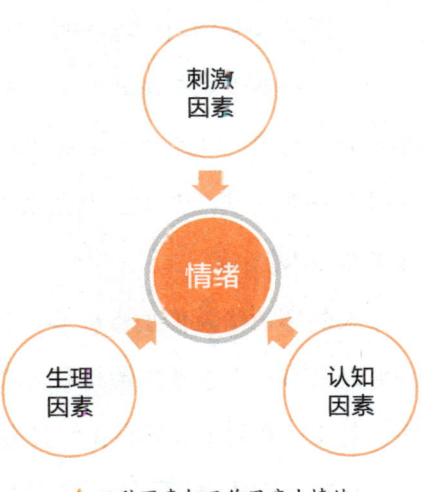

▲ 三种因素相互作用产生情绪

对当前情境的评估和对过去经验的回忆，在情绪的形成中起着重要作用。生理因素，比如我们在上一节提到的肾上腺激素和皮质醇，它们在个体对压力的反应中起到至关重要的作用。而对于刺激因素，比如环境的刺激作用，我们可以用遗传学的一句名言来阐述："行为倾向什么都不是，它蕴含在环境之中。"尤其是对低级生物来说，环境几乎决定了它们所有的行为。

著名主持人白岩松曾说：我们之所以活得很累，并非生活过于刻薄，而是我们太容易被他人的情绪所左右。

当他人的情绪已经越界让你感到不适和反感，外界的刺激因素持续加强而你无力防御时，你只会感到疲惫不堪，甚至陷入焦虑。因此，我们必须正视生活中的情绪杀手，并且要坚决拒绝情绪杀手。

拒绝情绪杀手

美国洛杉矶大学医学院的心理学家加利·斯梅尔做过一个心理学实验：

他让一个乐观开朗的人与一个郁郁寡欢的人同处一室。结果，不到半小时的时间，这个原本乐观的人也开始唉声叹气起来。加利·斯梅尔通过进一步的实验证明：只需要20分钟，不良情绪就会在不知不觉中传染给别人。

人的坏情绪就像病毒一样，具有很强的杀伤力和传染性。生活中，我们经常有意无意地被情绪牵引着。那么，生活中的情绪杀手都有什么呢？其实，它们可能就在我们身边。

灯光污染能导致人产生负面情绪，例如那些夜间强烈的灯光、电视

情绪管理：突破成就卓越的阻碍

屏幕发出的强烈光线，都可能影响人们的情绪。

吸烟多的人抑郁的风险非常高，因为香烟中的尼古丁对大脑有害，会影响大脑分泌"快乐激素"，使人快乐不起来。

长期食用缺乏不饱和脂肪酸的食物，抑郁的概率很高，所以建议素食主义者应当适当补充鱼油。改善膳食不仅可以提高人的健康水平，还能使人的情绪变得更加稳定。

长期服用避孕药物，女性心情抑郁的概率会增加一倍。

上网时间过长的人，抑郁的风险比其他人高出两倍以上。

类似的研究结果我们可以一直列举下去，由此可见在现实中，因情绪出现的问题不容忽视。所以，我们要尽可能做到：

拒绝与别人的愤怒纠缠。生活中，有些人就像行走的"垃圾车"。他们身上装满了愤怒、恐惧、失望、暴躁等各种负面情绪，急于找到一个地方发泄。你若与之纠缠，结局只会是两败俱伤。有一个很多人或许都深有体会的现象——路怒症，这种现象甚至会引发危及生命的严重情况。所以，我们一定要学会拒绝被别人的负能量传染。

生活中，有的人习惯于向周围宣泄自己糟糕的情绪，将身边人当作情绪转移的出口，自私地纾解自我情绪而不管是否为难他人。职场上，也有这样的同事：抱怨工作，抱怨上司，抱怨下属，抱怨薪酬待遇，好像所有的事情都是针对他似的。你出于善意倾听他们的声音，愤怒、恐惧、消极则扑面而来，把你淹没。总和消极悲观、爱抱怨的人待在一起，自己也会变得颓废沮丧。所以，我们一定要拒绝为他人的消极情绪买单。

职场上特别容易出现一些情绪用事的冲动行为，比如对待同事"出

言不逊"，纯粹情绪式地宣泄，"恣意"或者无休止地抱怨，"说走就走"的辞职，等等。有的人可能会说，当时什么也没想，就这么一说，也没当回事，但结果已经造成。

长期面对他人的坏情绪，我们自己的状态也容易被这些情绪带偏。总和充满消极情绪的人在一起，我们自己也会对原本正常坚定的状态产生迷茫与怀疑，变得颓废沮丧。面对他人的负能量，设定界限，避免被传染，才能维护自我情绪的平静与理智。

我们常说，生活不如意之事十之八九，所以面对容易引发负面情绪的问题，不能总是苛求生活圆满、身体健康、一帆风顺，而应反过来，在积极情绪中创造圆满与健康的生活，乘风破浪。

情绪是我们在生活中处理矛盾的风向标，真正善待自己的人，应学会远离别人的坏情绪，拒绝情绪杀手。另外，反观自己，改善情绪，重点是修正自己的错误信念，建立合理信念。这是一个长期的过程，其中会经历起伏和反复，但只要持之以恒，情况就一定会有所改善。这就要求我们要有耐心。

化解情绪问题的秘诀

> 耐心是高尚的秉性，坚韧是伟大的气质。无论何人，若是失去耐心，便失去了灵魂。
>
> ——培 根

历史上许多伟大的哲学家都把耐心视为人类最崇高的品质之一，大多数宗教也将耐心描述为一种值得钦佩和培养的基本美德。但在当下这个信息化的时代，耐心似乎不再被视为强者的必备素质，也没有得到应有的推崇。

但是，我们必须再次强调，耐心一定是职场成长所需的最珍贵的品质之一，和我们前文探讨过的延迟满足、长期主义、职场复利、学习区等概念都相关，这些或者也可以说是耐心的另一种表达方式。一以贯之，要想有所成就，就必须有耐心。

正如前文阐述的情绪相关概念，情绪化表面上是脾气不好，根本上却是缺乏耐心的表现。法国作家大仲马说："你要控制自己的情绪，否则

你的情绪便控制了你。"所以,本节我们将进一步"内观"自省,希望在"焦虑"这个主题之下,从情绪的层面重新认识耐心的重要性并培养这个品质。

2023年3月13日,在第95届奥斯卡颁奖典礼上,马来西亚籍华裔女演员杨紫琼,以奇幻电影《瞬息全宇宙》获得提名,并斩获最佳女主角奖,而华裔演员关继威则夺得最佳男配角奖,双双创造了华裔演员的历史,杨紫琼更成为奥斯卡第一位亚裔最佳女主角奖获得者。

在颁奖礼上,杨紫琼激动地表示,这个角色她足足等了40年。而正如她所说:"今天拿到这个奖,也是为了每个长得像我一样的(亚裔)小女孩、小男孩,这个奖象征着希望和可能性,这个奖证明了即使梦想远大,也有实现的那一天。"

关继威则表示,生命里的每一段经历都造就了今天的自己:"我总是说,一个美丽的生命既拥有高峰,也包含低谷。每个人都喜欢美好的时光,但只有经历起伏,你才能真正体验生命的全部意义。"

此前,该剧还获得了美国演员工会颁布的一系列的奖项,在剧中扮演杨紫琼父亲、已94岁高龄的资深华裔演员吴汉章在领取最佳群戏奖时许愿称:"希望我100岁时,还能来领奖。"

三位"不算年轻"的演员,都用自己的语言诠释了他们为事业付出的"耐心",也用自己的"耐心"获得了今天的成就。

可能有读者会觉得,耐心这类老生常谈的话题,不是小孩子才该学习的吗?

确实,耐心是儿童情绪能力中的一种重要能力。从表达自己的情

情绪管理：突破成就卓越的阻碍　第8章

绪，调控自己的情绪，到应对挑战，达成目标，这是成长阶段所需要学习的重要内容。从小到大，随着理智脑的作用越来越强，人也会变得越来越有耐心。成年后，生理机能趋于稳定，而耐心这个品质到了一定水平后就会停滞，甚至逐步倒退。所以，进入职场后，要想成就卓越，我们就要重新认识耐心的重要性，并且刻意练习，学会如何更好地拥有耐心。

变得更有耐心的一些技巧

美国贝勒大学心理学副教授萨拉·施尼特科尔认为，耐心对于个人的心理健康和幸福来说非常重要："耐心与生活满意度、希望、自尊和规范的行为呈现正相关关系，与孤独、抑郁和焦虑则呈现负相关关系。"

毫无疑问，关于耐心的话题，我们的出发点是"控制情绪"。只有更有效地控制自己的情绪，我们才能更好地拥有耐心。

提高自我控制力，增加与未来自我的联结，是一种有效增加耐心的方式。 比如想象 10 年后的自己会在什么岗位，获得什么样的收入，可以让自己现在更有动力。如果自己因为未来不确定而没有耐心，那就增加对未来结果的信心，让等待变得更有价值。如果不耐烦是因为对更大的奖赏没那么喜欢，我们可以提醒自己奖赏的特别之处，以及自己最初的出发点是什么。在某样东西上投入时间后，就会学着欣赏它。

托马斯·杰斐逊曾说："生气时，先数到 10 再说话。如果特别生气，就数到 100。"这是一种"等等再选"的小技巧：先推迟做如何回应的决定，等听到所有选择并经过一段时间考虑后，再看自己要选的是现在还

是以后对自己有利的选项。"等等再选"可以给自己留出一段认真考虑的时间,在这段时间里,我们可以比较各种选择,也能看到多等一会儿就能得到更好选择的好处。最终,它会让我们变得更有耐心。

数学家克里奇在20世纪40年代时被纳粹囚禁,面对前途的"黑暗",他只能用扔硬币的方式来打发漫长的时间。他将一枚硬币抛了10000次,一开始正面和反面的比例差异很大,但渐渐地两者的比例开始接近50:50。这是一个重要发现,为大数定律提供了证据。

> ### 启发心智 数学家克里奇
>
> 克里奇给我们的启示是,找点儿别的事做,不去想自己是在等待,就可以有效地增加耐心。如果从一开始就没觉得自己是在等待,等待就会更容易一些。

我们常被问到这样一个问题:6个月后给你1200元或现在就给你1000元,你会选择哪一个?一年半后给你1200元或一年后给你1000元,你又会选择哪一个呢?第一种情况下很多人会选1000元,但第二种情况下很多人则会选1200元。为什么呢?答案是距离会增加耐心。如果选择是近期的,我们会选早一些、小一些的奖励,但如果两个选择都有一段时间的距离时,我们会选晚一些、大一些的奖励。这又给我们展示了另一种增加耐心的策略:提早做等待的决定。我们对时间的感知是非线性的。在我们的大脑中,现在和下个月的差别似乎比一年和13个月之间的差别更大。当选择在遥远的未来时,明年再多等一个月比现在等一个月更容易做到，你会更有耐心等待。而这一点在职场特别重要，有些人三天两头换公司，满足于换一次工作可能会有所提升的薪资，但从长远来说，这并不利于自身的发展，整体获得也未必更高。

事实上，我们很难在做事的过程中完全剥离消极情绪的影响，如本节开头所讲，真正的耐心和我们全书阐述的多个理念都有关，这就是一个刻意练习的全过程。

在情绪这个层面，只能一点儿一点儿，逐步剥离掉更多的消极情绪，从而在做事的过程中让情绪变得更为稳定，我们更有耐心，做事更加圆融通顺。不能控制好情绪，我们会感到身心疲惫，心力交瘁，每天都在崩溃的边缘徘徊，这样是不可能有好脾气的，也是不可能有耐心的。

耐心是治愈浮躁的秘诀，是实现成功的心灵妙药。但我们得像爬楼梯那样一步一步来，不能像乘电梯一样瞬间直升。所以，在本章的最后，我们将介绍实现情绪管理三步走的方法。

 10000 小时的刻意练习

实现情绪管理的三步走

能控制好自己情绪的人,比能拿下一座城池的将军更伟大。

——拿破仑

2022年,一条名为《回村三天,二舅治好了我的精神内耗》的视频一度排在视频网站热播榜首位。众多网友认为,正如标题所言,二舅的人设特别治愈,尤其能治愈当代年轻人的精神内耗。

是的,我们或许可以用"治愈"一词,因为很多时候情绪难以控制会比生病还要令人烦恼。毕竟,生病大多数时候可能还会有个病根,而无法控制的焦虑情绪有可能是完全没来由的。

情绪管理其实是一种自我管理。**我们要通过管理自己的情绪,调整和自己相处的方式,用冷静的头脑评估态势,采取合乎情理的行动,让情绪成为我们成功和快乐的助力。**这里必须再三强调,能够"治愈"的力量就在于自己的内心,掌握了正确的方法,我们就能将之释放出来。

要做到这一点,可以分三步走。

情绪管理：突破成就卓越的阻碍 第8章

第一步：内观，及时识别自己的情绪

焦虑、愤怒、痛苦、恐惧、妒忌等，它们有一个统一的名字，叫"内在失序"。所有失序的现象都会导致我们自身的注意力转移到错误的方向，不能发挥预期的功能，使精神能量受损。所以，做好情绪管理，首先要对此有所认知，能够自我觉察。

> **知识探索　内在失序**
>
> 内在失序是指资讯跟既定的意图发生冲突，或使我们分心，无法为实现意图而努力——是对意识极为不利的影响力，也可称之为"精神熵"，它会导致自我解体，使效率大打折扣。

自我觉察，看起来似乎很简单，就像很多人都会说："我还不了解自己吗？"其实不然。"知人者智，自知者明"，职场中，很多人明明已经陷入了负面情绪，但他们仍然固执地认为："我是有点儿生气，但我仍然很客观，不会针对谁""我这不是抱怨啊，只是实事求是地说明""我这不是指责，只是严厉地指出问题"。

当我们认知到自己的负面情绪时，我们就要识别自己是否处于情绪困境当中。面对突发性情况时，我们的情绪产生应激反应，这是正常人的表现。但很多时候，负面情绪并非作为应激反应产生，而是因为你本身就处于情绪困境，比如鲁迅先生笔下的祥林嫂。这种负面情绪会不断重复，而我们的思维也会趋于僵化。当我们不时产生消极情绪时，不妨

静下来，在脑海中回忆一下，当时的情景是否似曾相识？

想要摆脱情绪困境，就要学会识别。想让自己从情绪的世界中走出来，一定要掌握觉知力，把情绪当成信号，而不是把情绪当成事实。当我们有情绪的时候，要学会读懂情绪的信号，这才是最重要的。**懂得了识别情绪时我们才能更好"抽离"，跳出情绪来看事实是什么。**不被世俗的眼光绑架，不为他人的预期焦虑。大多数时候，我们之所以会有情绪，或者说消极情绪不断加重，是因为我们自身让事情变得更复杂。

第二步：客观，正确认知事物

美国著名心理学家埃利斯提出了一种情绪 ABC 理论，它改变了很多人对于情绪和情绪调节的认知。

我们往往认为，不良情绪是由某一个客观事物导致的，比如生气的原因是"被领导批评了"。但是埃利斯认为，人的消极情绪和行为结果（C），不是由于某一激发事件（A）直接引发的，而是由经受这一事件的个体对它不正确的认知和评价所产生的错误信念（B）直接引起的。

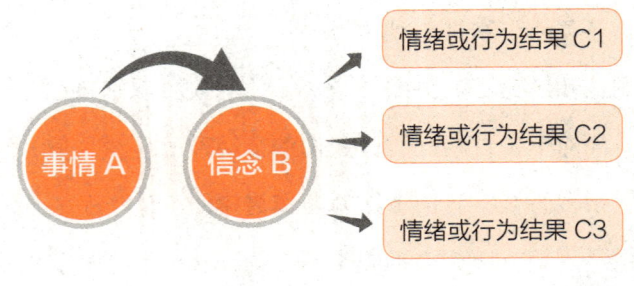

▲ 情绪 ABC 理论

知识探索 情绪 ABC 理论

情绪 ABC 理论是美国心理学家埃利斯创建的理论：

A（Antecedent）表示诱发性事件。

B（Belief）表示个体针对此诱发性事件产生的一些信念，即对这件事的一些看法、解释。

C（Consequence）表示个体产生的情绪和行为的结果。

前面提到的内在失序会吸引我们所有的注意力，因此，我们应该尽量客观地对待事物和情绪，而非用错误信念反作用于其上。比如当我们想到"这都是某某同事的错，他惹恼我了"时，不妨将其转化为"我认为这是某某的错，他惹恼我了"。我们必须努力客观地认知到自己的情绪是主观化的产物。只有做到尽量客观地认知事物，我们才能跳出自身的局限，真正反躬自省，从而让情绪平静下来。

还有一类就是，如果让我们感到焦虑的是未发生的事情，那不算是真正的问题。我们要求自己通过客观辨别，看看消极情绪所担忧的究竟是不是真实存在的难题，然后将其转化成客观事实来予以应对。比如，有人可能担心会被裁员，而这是想象中的问题，事实上他要真正解决的是职场中的竞争力问题；单身的适龄青年，可能也会害怕孤独终老，这同样也是想象的问题，如何找到理想的另一半才是现实的困难。当我们厘清了情绪的 ABC 时，我们才能更为客观地厘清解题的思路，并真正付诸行动。

当代人在职场中总是感到焦虑。由于上升渠道与资源有限,组织制定了很多的要求与标准,对此我们如果不能正确认知,就会陷入焦虑与压抑的泥潭。所以,我们务必用行动解决实际的困惑。

第三步:外观,用行动解决实际的困惑

如果当前的情绪没有得到有效控制,某些不良情绪就会作用于当下,影响未来。对于很多情绪,如果不能得到疏导和控制,那么时间越长,对人造成的影响就会越大,后续产生的负面效果也将越大。所以,当发现有情绪问题时,我们一定要学会行动起来,解决实际的困惑。

有句话叫"只有观世界,才有世界观",当通过内观发觉了自己的消极情绪,并且能够客观地将之与外在事物区隔开之后,我们所要做的,不是逃避,不是带着情绪想象而是勇敢面对,回归真实的世界,思考自己可以怎么做,从而选择合适的方式有效纾解情绪,并最终做到控制情绪。疏解情绪的目的在于给自己一个厘清想法的机会,让自己能更全面地看待所处的环境,以形成更大的信念,更有能量去面对未来。

疏解情绪的方法很多,比如禅宗的"当头棒喝"就是用外在的强作用力打断自身"心魔"。我们也可以借鉴这个方法,用一个固定的声音,比如用力拍桌子的声音,打断自己的胡思乱想。还有就是暗示性语言,也能对情绪的好转起到极大的推动作用。通过有效的语言暗示,我们每个人都能够缓解心理上的紧张,化解不良情绪,将自己从消极情绪中解放出来。例如,"发怒的时候不要轻易做决定,会把事情办坏的""整天在担忧没意义,不如赶快想办法""适当放下走出去看看就会好多了"

情绪管理：突破成就卓越的阻碍

"为这种事情生气不值得"，等等。

桥水基金创始人瑞·达利欧说：

生活就像是在捉弄我们，它会摆好诱惑和障碍，再问你怎么选。人们普遍会回避失败带来的痛苦，但是我却建议你去经历痛苦。每当遇到困难，就把它当作是一次难题，一旦解决了它，我便获得一种奖励，这个奖励就是下次我不再会回避问题并且知道如何应对。

情绪对人的影响巨大，如果我们无法拒绝它们的影响，那就应该下定决心，让自己成为情绪的主人。就现在的科学而言，除了从父母那里继承的基因（不包括外貌），没有什么是不能改变的，情绪更是如此。只要有心改变，就没有什么改不了的，也没有什么控制不了的情绪。不管此刻的我们认为自己多么"困惑"，请一二三步走起来。只要有决心，刻意练习，就会发现自己也拥有这种能力。

到这里，本书即将进入尾声，正如我们一直所强调的，生命中真正的成功是需要时间的，不能一步到位，万事大吉。在接下来的第9章，我们会探讨实现跨越的四大学习法。

卓越者思维

- 人是能通过改变行为来改变自己并塑造一个全新的自己。

- 焦虑引发的生理症状会使人感到不安和害怕，由此引发对恐惧本身产生的恐惧，并逐渐形成一种恶性循环。

- 人的坏情绪就像病毒一样，具有很强的杀伤力和传染性。

- 耐心是职场成长最珍贵的品质之一。延迟满足、长期主义、职场复利、学习区等概念可以说是耐心的另一种表达。

- 把情绪当成信号，而不是把情绪当成事实。

- 如果让我们感到焦虑的是未发生的事情，那不算是真正的问题。

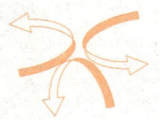

第9章

持续成长：刻意练习的主旋律

避免认知偏差，学会断舍离，塑造深度思维，以及任何时候都有勇气破局——以此作为全书的总结，希望和读者再一次回顾刻意练习的全过程。

路止于此，海始于斯。本章的主题是终极成长，但更应该是持续成长，以终为始，既是结束，更是开始。

克服认知偏差,实现自我洞察

> 我们这个时代让人困扰的事之一是:那些对事确信无疑的人其实很蠢,而那些富有想象力和理解力的人却总是怀疑和优柔寡断。
>
> ——伯特兰·罗素

本书的最后一章,主题是终极成长,更准确的定义应该是持续成长。

前八章我们从不同的方面,并且尽可能从一个职场新人的视角,介绍了刻意练习的原理,探讨了不同维度的工具及具体的行动步骤,也专门分享了相关的学习法,希望帮助你实现内与外的双向突破。其实,我们反复强调的就只有一个信念:天才不是天生的,天才是练出来的。

最后一章,我们做一个综述,既是结束,更是开始,以推动持续成长。

首先是一个关于认知的问题。

认知偏差

"越无知越自信",这是我们经常挂在嘴边吐槽别人的话。倘若回头持续成长：刻意练习的主旋律

看看我们自身，是否也存在这个问题呢？

这其实就是一种认知的偏差。成年人更容易陷入达克效应：自负而错误地认为，只要我们了解某件事，就代表我们已经学会了这件事，然而事实可能大相径庭。

> **知识探索 达克效应**
>
> 达克效应（D-K effect），全称邓宁-克鲁格效应（Dunning-Kruger effect），是一种认知偏差现象。简单来说，它指的是某些人或者人在某些时候会有一种虚幻的自我优越感，错误地认为自己比真实情况更加优秀，也无法客观评价他人的能力。在这种情况下，个体将沉浸在自我营造的虚幻的优势之中，无法正确认识到自身的不足，无法辨别错误行为。

这个效应源于这样一个案例：

1995年，美国一名叫惠勒的男子在光天化日之下抢劫银行。更为诡异的是，他没有做任何伪装，甚至还对着监控摄像头微笑。在被警察逮捕时，他竟然不解地问："我的身上涂了隐形药水，你们是怎么找到我的？"而他所说的隐形药水，其实是柠檬汁。由于用柠檬汁写下的字迹只有在接触热源的时候才会显形，所以惠勒觉得，只要他不靠近热源，他就应该是完全隐形的。

心理学家大卫·邓宁和他的研究生贾斯汀·克鲁格根据这个抢劫事件，又做了一个实验：

在一个班级里,他们让学生们预测自己的成绩,结果那些排名垫底的学生对自己的成绩往往有迷之自信。成绩差的学生普遍认为自己的成绩能够进入班级的前1/3,而那些成绩考得较好的人大多认为自己考得不太好。也就是说,能力越差的人越容易高估自己,对自己有着一种迷之自信。而后,邓宁和克鲁格通过对人们阅读、驾驶、下棋、打网球等各种技能的研究,进一步发现:

能力差的人通常会高估自己的技能水准;

能力差的人不能正确评估其他真正有此技能的人的水准;

能力差的人无法认知且正视自身的不足,以及这种不足的极端程度;

但能力差的人经过恰当训练能够提高能力水准,最终会认知到且能承认他们之前的无知程度。

看到这里,是不是有人会觉得自己还是有"自知之明"的,绝不会犯惠勒那样的错误。事实上,所有人在某些层面或某些时刻都可能会出现达克效应。

所谓无知者无畏,当一个人几乎完全缺乏知识时,他的自信程度是最高的。正如一句名言所说:"一个人头脑中所蕴含的知识量决定着一个人的观点。"若是没有任何知识储备,头脑中空无一物、对事物一无所知,可能连想要成为一个善良的人都是无法实现的。因为无法界定何为"善良"的概念,更无从谈论如何做一个善良的人。

达克效应可以用如下一张图来表示,其中横轴表示知识与技能水平,纵轴表示自信程度,其间会经历五种情况:愚昧山峰、自信崩溃区、绝望之谷、开悟之坡、持续平衡高原。我们要特别强调第一个阶段愚昧山峰。处于愚昧山峰前的人拥有绝对自信，鄙视、攻击、谩骂一切与他们观点不同的人。遗憾的是，很多人都有可能处于这一区域。

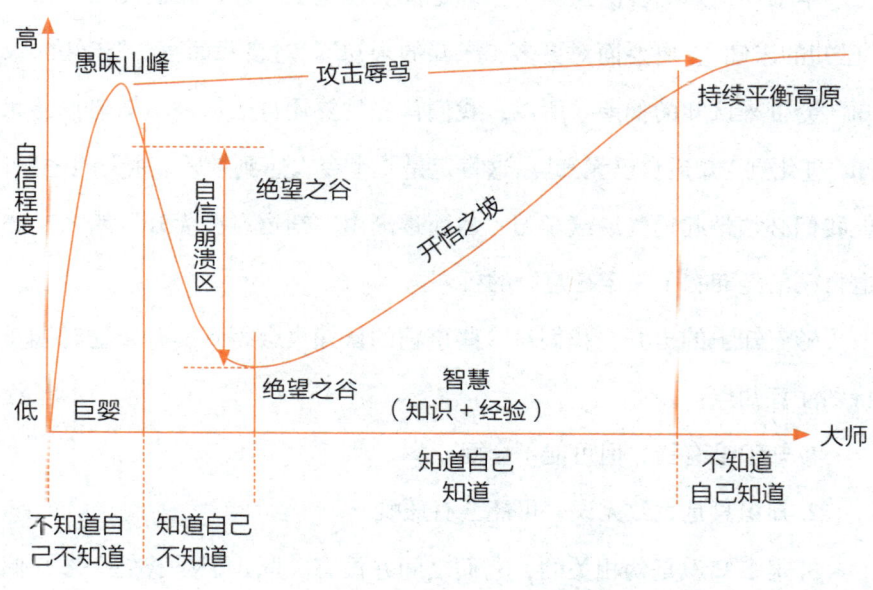

▲ 达克效应

克服认知偏差，实现自我洞察

王阳明说："学须反己，若徒责人，只见得人不是，不见自己非。若能反己，方见自己有许多未尽处，奚暇责人？"简单来说就是，学习要从自身反思着手，若只是指责他人，就会只看见别人的错误，却看不见自己的问题；从自身出发，才能看到自己的许多不足之处，也就不会有时间去指责别人了。

从小到大，我们都会用这样一个比喻：人的知识就好比一个圆圈，

圆圈里边是已知的知识，外边是未知的知识。一个人知道得越多，圆圈越大，但圆圈能接触到的未知知识也越多。

本书中，我们多次强调了不确定性。在这个时代，我们要面对很多"已知的未知"，更要面对更多"未知的未知"。对自我而言，"未知的未知"会带来认知的偏差。所以，我们首先就要让自己从"不知道自己无知"进化到"知道自己无知"。这肯定是一个令人感到挫败、迷失的过程，但我们必须鼓起勇气继续学习，从而逐渐由"知道自己无知"跨入"知道自己已经拥有了一定智慧"的行列。

随着知识的提升，我们对一些事物的认知也会得到提升，这时候要特别注意几点：

1. 知识没有错，但可能不全面。

2. 知识只是大致无误，可能会有瑕疵。

3. 很多知识是伪相关的，它们之间并没有关联，但是我们会拿它们随便类比。

4. 证实偏差问题，人几乎可以论证任何观点，这是人类特别有意思的一个能力。

这个阶段，真正让我们陷入麻烦的，往往是我们一知半解的事情。我们要特别警惕四种认知偏差。

首因效应与近因效应。简单来说，首因效应即是

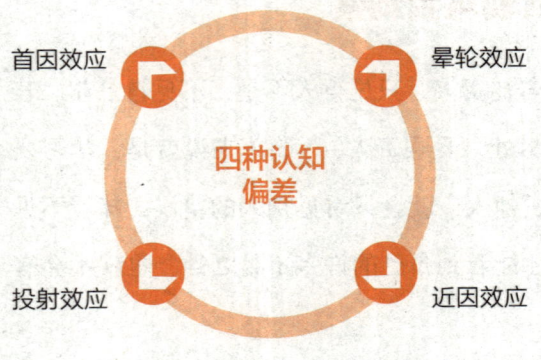

▲ 四种认知偏差

人的第一印象，或者说先入为主的看法。首因效应之所以会引起认知偏差，就在于认知是根据不完全信息而对交往对象做出判断的。而近因效应则是说，假如人们先知道某人的第一个信息，隔较长时间后才了解第二个信息，这第二个信息便是最新的。这最新的信息则会给人留下较深刻的印象。首因效应和近因效应都是使个体认知发生偏差的心理因素，只不过个体获得的信息对认知情况的作用条件不同罢了。

晕轮效应与投射效应。 在认知时，人们常常以点概面或以偏概全，由局部信息形成一个完整的主观印象。这就像晕轮一样，从一个中心点逐渐向外扩散成越来越大的圆圈，所以称之为晕轮效应。而投射效应则是在认知或对他人形成印象时，我们会默认他人也具备与自己相似的特性，推己及人，不自觉地把自身的意愿强加到别人身上，也就是以己度人的认知障碍。

不论哪种效应，都说明人们对于外部信息的筛选很容易受到自己先验信息的影响，会有意识地寻找那些能够支持和增强自身固有观念的证据，而对否定性的证据视而不见。

卓越者工具箱

克服认知偏差的方法

本书中的很多方法都是适用的，它们可大致分为两类：一是向内探索，了解自己本人；二是向外探索，正确了解别人对自己的看法。简单概括为以下几点：

延迟满足，对快速和冲动的决策保持警惕。

向他人学习，多阅读，拉伸学习区，持续探索舒适区边缘效应，扩大认知边界。

客观看待这个世界，多角度提高认知准确性。

开放心态，多看他人的优点，学会倾听他人的意见，多接收信息反馈。

控制好自己的情绪，稳定情绪才能够产生正确的认知。

最后，怀揣一颗敬畏之心。对外界、未知怀有敬畏，对他人保持一分谦逊，是避免自我盲目的最好方法。

正确认知自己从来就不是个简单的过程，也不能一蹴而就，但最好的方式肯定还是学习。不懂就虚心请教、学习，甚至是自我批判，这样能让自己更有勇气跨越"绝望之谷"，直至"开悟之坡"。

持续成长：刻意练习的主旋律 第9章

改变思维定式，敢于"断舍离"

不管东西有多贵，有多稀有，能够按照自己是否需要来判断的人才够强大，能够放开执念，人才能更有自信。

——《断舍离》

林语堂说："生活的智慧在于逐渐澄清、滤除那些不重要的杂质，而保留最重要的部分。"这个澄清、滤除的过程，其实就是在人生中进行一连串选择的过程，只不过有时候是主动选择，有时候是被动选择，或者有时候是没得选择。现实生活中很多人都不会选择。

学会选择，最重要的就是学会放弃：舍九取一，选择一个，放弃其他。选择有时候比努力重要，但放弃有时比选择更重要。我们应该认真选择，勇敢放弃，然后享受好处，承担坏处。

学会"断舍离"

知乎上曾有个问题："坚持'断舍离'后，你的生活发生了怎样的变化？"

　　大多数的答案是，定期扔东西可以快速有效且低成本地提升生活品质。确实，在这个物质极大丰富、信息过度泛滥的时代，我们因为有太多的选择、太多的占有欲而迷失了自我，让生活负重前行，被外物所累，甚至失去了生活的意义。

知识探索 断舍离

　　"断舍离"是日本杂物管理咨询师山下英子从瑜伽"断行·舍行·离行"的哲学中提炼出的人生整理观念。在山下英子看来，"断舍离"不仅可用于日常整理物品了解自己，也是甩开惰性、刺激思维新陈代谢、自我整理心中混沌、让人生舒适的行动技术，是任何人都能做到的"自我探查法"。

　　在上述知乎问题的回答中，除了一众关于扔东西的回答，还有个答案十分特别："我发现了一个想要拥有一切，却又患得患失，焦虑失去的自己。"

　　是的，除了简单地扔东西，"断舍离"还是一门发现自我的人生哲学。它让我们明白或者重新发现，自己才是生活的主角，物质、金钱、人情世故，不过是生活额外的砝码。

　　善于丢弃，是提高生活质量最直接的手段；懂得取舍，是认清人生意义的有效方式。

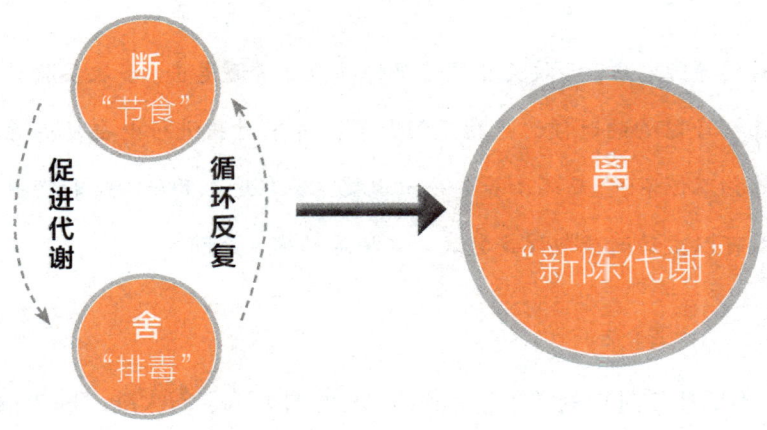

职场中的"断舍离"

"断舍离"的本质是自律,让人知道自己需要什么、不需要什么。屠龙少年成为巨龙的故事,很多人都听过。其实,人生的每个阶段都要做"断舍离",勇敢剔除附着于内心无谓的"盔甲"。

进入职场后,人的学习思维会逐步放松,会将很多事情习以为常,其实这往往就是阻碍自身持续成长的开始。长此以往,一个人甚至会出现"习得性无助"的状态,就是认定事情不可改变,这是很悲哀的。

知识探索　习得性无助

"习得性无助"是美国心理学家塞利格曼在做动物研究时提出的。

实验是这样的:起初把狗关在笼子里,只要蜂音器一响,就

> 对狗进行电击,而被关在笼子里的狗无法逃避电击。多次实验后,在蜂音器响的时候,先把笼门打开,并不对狗进行电击,但此时的狗不但不逃,反而不等电击出现就先倒在地上开始呻吟和颤抖。本可以主动选择却放弃尝试,这就是习得性无助。

不要迷信过期的"人生地图",旧地图去不了新大陆,因为旧地图上根本就没有新大陆。过于依赖过往的经验,会让你与现实脱节。那些过期的"人生地图",会让我们抱着过去的经验和做事套路不放,以至于常常罔顾眼前的事实,不能有效解决问题。**要突破困境,我们必须敢于接受外界的质疑和挑战,智慧地放下成功后自己内心的骄傲,让自己允许别人来检视我们的"地图"是否过期。**我们要勇敢而充满智慧地学会"断舍离",抛开外界过多的干扰,坚信自己可以改变。

职场"断舍离",我们先从一个良好的办公环境开始。不要小看环境对人的暗示作用,如果办公空间堆满与工作无关的东西,难免会分散我们的注意力。有了整洁的环境,不仅可以让自己更集中精力,而且会让所有经常需要用到的东西变得一目了然。这既节省了找东西的时间,又能让人做事更有条理,更有效率。

舍弃非必要工作。做好环境铺垫之后,接下来就是对工作内容进行"断舍离"。所谓事有轻重缓急,在工作中要根据自己将要做的事情整理出一份清单,并排好优先级。先做重要的事情,把不重要的事情放在后面,可有可无的事情尽量选择不做,这样就可以把自己从杂乱的工作中解放出来。

此外，还可以对工作的步骤进行"断舍离"。回顾自己主要工作的步骤是什么样的，看看这些步骤是否可以精简一些。舍弃不必要的步骤，同样可以节省时间，提高工作效率，同时也能减轻自己的工作负担。刚入职的新人，找不到头绪的时候，如果学习一下"断舍离"，就可以更早地适应职场环境，为自己将来升职打下坚实的基础。

"断舍离"是一种连续的、递进式的思维方式，能打破自己的思维凝滞，让自己的思路变得越来越清晰。从结构到行为都有了一个比较系统的说明和要求，这样再执行起来就可以让人们的思路变得非常清晰，行为也可以达到很流畅的程度，我们的各个方面都会因此进步很多。

"断舍离"的过程，就是回归初心的过程。抛开成长过程中的条条框框，这些也许在成长的历程中很重要，但当你到了一个新的阶段，你就必须放下，不能负重前行。想明白我们为什么做这件事，而不是任凭这些条框束缚，这是勇敢，也是智慧的表现。

塑造深度思维才能成就卓越

无法掌握自己注意力的人,是这个信息时代的溺水者。

——《拆掉思维的墙》

"懒于琐事,勤于思考",不为小事动摇,才能成为大事的赢家。

我们在第 6 章着重介绍了专注力,强调要把注意力用在刀刃上,一个阶段只专注一件事,一步一个脚印,才能实现最长远的目标。本节,我们就深度思维做一个总结。深度思维是具有巨大价值的思维方式,深度思维的技术与格局是每一个人都应该认真研究和学习的。

深度思维与浅度思维

心理学家丹尼尔·卡尼曼在《思考,快与慢》中说:

人类的思考模式可以拆分成快思考和慢思考两个系统。前者是依赖直觉的、无意识的思考系统,后者是需要主动控制的、有意识进行的思考系统。在人类的决策行为中,由于慢思考系统的懒惰,很多时候会由

持续成长：刻意练习的主旋律  第9章

快思考系统占据主导。而快思考的直觉存在很多缺陷，容易导致种种偏见和失误。慢思考就是深度思维的一种体现，是更深刻、更接近本质的思维。

所谓深度思维，就是指自我自主"分析、评价、创造"的思维，是发生在较高认知水平层次上的心智活动或较高层次的认知能力。从定义上可以进一步得出这样的结论：具有深度思维的人在知识信息加工、概念的理解与运用等方面有着更深刻的见解，能够主动建构个人的知识体系，并且能够把拥有的知识运用到真实的情境中。

与深度思维相对应的就是浅度思维，我们来对比两者的差异：

深度思维	浅度思维
1. 拥有较长的思维逻辑链，能够认知较长的因果链条	1. 逻辑链条较短，无法认知较长的因果链条
2. 能够突破自我中心的局限，灵活切换看待问题的视角	2. 思维过程中只能从最熟悉的地方出发，缺乏切换视角的灵活性
3. 能够处理较大的信息量，在杂乱的信息流中保持思维能力	3. 对于信息量较大、较复杂问题束手无策
4. 能够在宏观视角上分析问题，认知事物所处的生态的特性、事物的长期趋势等	4. 只关注眼前的、近处的、近期的内容，而缺乏长远规划、全局掌控的宏观视角

深度思维为什么难

一、懒于调动"慢思考"，偏爱直觉判断，形成惰性。

我们思考所有问题时，直觉会在第一时间给出判断，随后我们才会调用理性思考能力，去验证答案。但是，如果你是一个懒惰的不愿意动

脑的人，你会直接给出直觉的答案而不去验证它。如果偏爱使用直觉判断并形成习惯，人的理性思维能力就会越来越退化。

二、信息扁平化，易分神，大脑被大数据"驯化"。

我们在前文说了，大脑是懒惰的，而学习又是"反人的本性"的过程。在互联网时代，信息的获取变得越来越容易，这容易让大脑产生思考的惰性，被信息驯化。沉迷于网络金句、15秒短视频、碎片化阅读，这些行为都可能强化思维的惰性，因为这类信息会传递给大脑一种信号——答案显而易见，这样一来，大脑就懒于分析问题的过程，但我们其实并未真的获取这些知识。

三、重复简单熟悉的事，形成路径依赖。

在第 5 章我们介绍了舒适区的概念，我们很容易陷入自我成长的舒适区，思维也是如此。重复简单而熟悉的思考，容易形成路径依赖。路径依赖类似于物理学中的惯性，我们一旦进入某一路径，就可能对这种路径产生依赖。这种机制使人们一旦走上某一路径，就会在以后的发展中不断自我强化。人一旦习惯了浅度思维，在肤浅的思考中获得了收益，就会陷入浅度思维的路径依赖中。

四、以忙碌的表象代替成果评估。

在职场，尤其是在以知识型员工为主的职场，人们很难度量他人的工作，主要的评判标准就是看起来忙不忙，有没有加班。有的人喜欢让自己看起来很忙碌，然后也把自己搞得很累，好像这样做就是对自己、对公司最好的交代。然而事实上，他们没有真正思考工作中的轻重缓急。

大脑停留在浅度思维，储存过多信息碎片，就没有办法在该使用它们的时候将它们从大脑中调取出来，反而是信息堆积得越来越多，占据了大脑的内存，使我们的思考能力越来越差。

塑造深度思维才能增长智慧

人的本性以及互联网时代的特征，让个体乐于接收各种碎片化信息，并从碎片化信息中获得快感以强化这种模式。这会使人停留在浅度思维，不愿意做出改变。如何塑造深度思维？

第一，思维要有深度。

这一点好像说了跟没说一样，但确实是我们要再三强调的，也就是有意识地刻意练习深度思维。每当我们的大脑出现惰性，停留在浅度思维时，我们要有意识地发起对抗。当然，有了意识，还需要有深度思维的方式与方法。本书共 9 章都是具体的方式方法，需要你内化成自己的东西。

第二，强化目标感，做好规划，把握节奏，锻炼延迟满足和强化大脑神经元连接。

如我们前文所说，目标感很重要，过程中要做好自我激励，激发自身动机，寻找不同的办法实现目标，并且基于事物发展重塑目标，善于把大的目标拆分成较小的部分去完成。在这个过程中，每一次主动选择，每一次抗拒诱惑，按计划完成目标，都会培养我们的延迟满足能力。

从脑科学的角度来看，一个人要想在某些领域取得了不起的成就，首先要搭建与这个领域相关的神经元，并让神经元聚集更多的髓磷脂，这样自己才能在这个领域内做出更快、更准确的反应。刻意练习可以使我们的大脑产生更多髓磷脂，而这些髓磷脂就是守护大脑安全的重要卫士，它们的存在不仅起到了绝缘保护的作用，还可以保持神经元的干净和正常运转。更多的髓磷脂可以增强我们大脑神经元的连接，让自己的思考力变得更强。本书中，我们不时提到脑科学中的一些概念，但却是极其有限的，如要更全面地了解，需要读者自行再做补充阅读。

第三，两个思维工具，即 5 Why 分析法（问 5 个"为什么"）及 5 So 推理法（问 5 个"那会怎样呢"）。

5 Why 分析法：一个问题分析与解决的工具。简单来说，它就是对一个问题连续多次追问为什么，从结果着手，沿着因果关系链条，穿越不同的抽象层面，直到找出问题的根本原因。

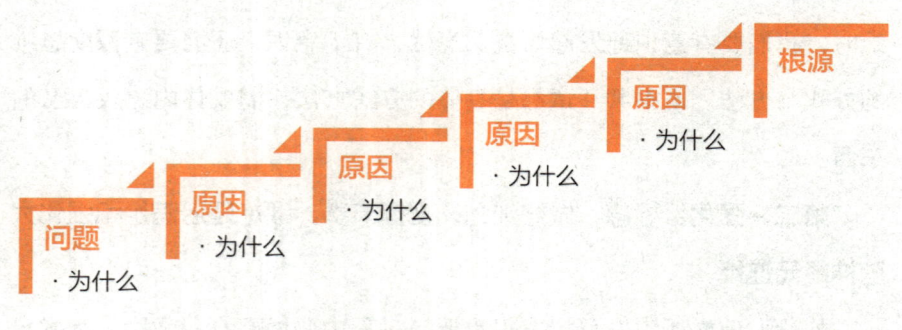

▲ 5 Why 分析法

这里看一个非常经典的案例——丰田汽车公司前副社长大野耐一通过 5 Why 分析法找到工厂设备停机的根本原因。

有一次，大野耐一在生产线上发现机器总是停转，虽然修过多次，但仍不见好转。他询问工人机器停机的原因，于是出现了下面的问答对话：

问题一：为什么机器停了？

答案一：因为机器超载，保险丝烧断了。

问题二：为什么机器会超载？

答案二：因为轴承的润滑不足。

问题三：为什么轴承会润滑不足？

答案三：因为润滑泵失灵了。

问题四：为什么润滑泵会失灵？

答案四：因为它的轮轴耗损了。

问题五：为什么润滑泵的轮轴会耗损？

答案五：因为杂质跑到里面去了。

经过连续五次不停地问"为什么"，大野耐一找到问题的根源和解决的方法——在润滑泵上加装滤网。如果员工没有以这种追根究底的精神来发掘问题，他们很可能只是换根保险丝草草了事。如此一来，真正的问题还是没有解决。

使用5 Why分析法要注意最重要的一点：提出正确的问题。追问的方向要是有意义的，可以控制并改变的，这样才能避免陷入思考的死胡同。

5 So推理法：一个洞悉事物的未来趋势的工具。这种方法就是对一个现象连续追问其产生的结果，以探求它对未来可能造成的深远影响。

和5 Why分析法不同的是，5 So推理法是对一个现象连续追问其可能产生的结果，以探求它对未来可能造成的深远影响。"5"仅仅是一个数字，问题设计得越准确、越细致，成功的概率就越大。

使用 5 So 推理法对应的内功就是常识与专业知识，想要在哪个领域使用 5 So 推理法，就需要有该领域的常识和专业知识。思维不够敏捷，或对相关领域的了解认识得不够充分，就会影响推论的结果。另外，这个方法也存在边际效用递减规律：随着推论越往后，思维链条越长，得出的结论所发生的概率也会逐渐减小。

第四，拥有同理心，在思考中感受别人所想，能够实现更好的交流，构建和沟通对象共同的认知系统。

正如我们在本章第一节中所说，越无知的人越自信，大多数浅度思维也是因为以自我为中心，不懂换位思考，没有同理心，以自己的观点出发。想要有深度思维，就必须要有换位思考的能力，要有同理心。微软 CEO 萨提亚·纳德拉在《刷新》中提及："今天，人、组织和社会，都在不断追求新能量、新理念、新连接和新突破，在'技术激流'以'前所未有之势'颠覆的新世界里，同理心比以往任何时候都显得珍贵！"

持续成长：刻意练习的主旋律　第9章

勇敢破局，持续成长

> 每个人都有两次生命，第一次是活给别人看的，第二次是活给自己的。第二次的生命常常是从 40 岁开始。
>
> ——荣　格

到这里，本书就真的要结束了。

通过从第一章到最后一章的探讨，我们希望学习的过程能够形成一个闭环，并且鼓励读者能够形成自己的自循环，如内功在体内周身运转。

躬身入局，掌握主动

正如我们前面所说的，职场差距的产生不单单在于工作的 8 小时，还在于 8 小时之外。所以，要把自己当成种子，接受成长的各个阶段，并逐步成为完整的个体。这个过程既要有蓄势待发的准备，也要有破土而出的结果。

毫无疑问，人们总是对未来怀有美好的憧憬和向往，向往成长提升，

向往职场的一帆风顺,也憧憬在确定的情况下有更多的可能,憧憬成为更好的自己。作为职场人,我们可以将这份憧憬和向往定义为一种承诺。作为成年人,我们总要为自己的承诺负责。**承诺是有目的的毅力,为了获得最大限度的心理自由空间,就要持续学习,而最有效的学习方法之一就是刻意练习。**我们可以通过刻意练习某种能力,改变我们的大脑和行为。

在这个充满不确定的时代,有一部分人容易在不确定的压力下形成自己的思维牢笼。

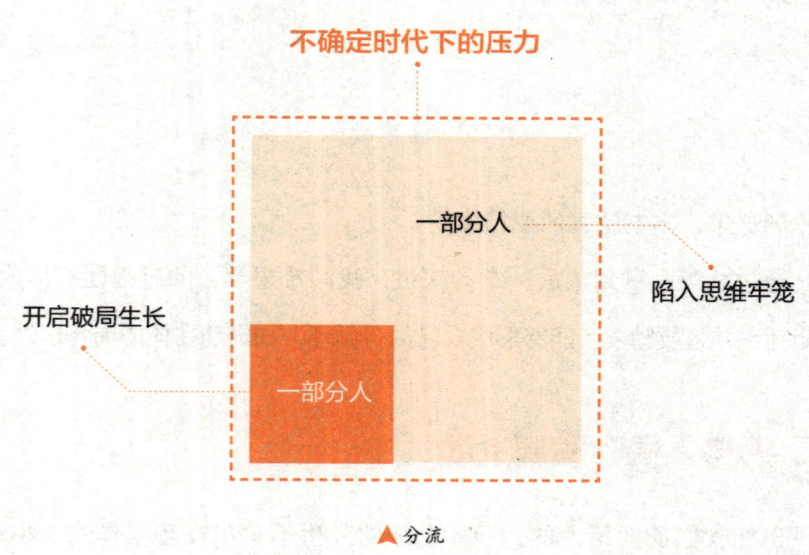

▲ 分流

其实,主动权永远在我们自己手中,只是很多时候我们自己放弃了。成长的出口一直都在,关键看我们自身是否选择迈出这一步。当然,有时候迈出去并不是那么容易,因为思维的限制或者情绪的障碍,我们有可能会把自己碰得"鼻青脸肿",但我们始终还是要迈出这一步——持续刻意练习。这是一个持续学习并以行动促进改变的过程。

正如我们在一开始就强调的,**必要的时间是绝不可少的**,从量变到质变会有一个过程,所以,在没有质变之前,就尽可能让自己有更多量的积累,然后才是挑战、突破与提升。

只要我们开始这样做了,人生就会朝着积极的方向前进。通过一定时间的刻意练习,我们能更好地觉察并意识到自己正处在的状态,这样才更可能选择正确的方法以立对。

"孔乙己的长衫"该脱下就脱下,该卷起袖子就卷起袖子。**关注未来的可能性,而不是过去的错误**。走错路不要紧,最怕在原地不动。我们要知道过程也很美,学习就是一种经历,无论是对的还是错的。

不是终点,更是起点

从学校迈入职场,不是学习的结束,而是新阶段学习的开始,这个阶段同样需要明确学习的时间、地点、具体行为;并且,这个阶段的学习要成为自身的内在需求,不是迫于家长的压力,也不是为了迎合他人的需要。当然,这个学习是覆盖身心各方面的,除了我们在前面讲的刻意练习的过程,还包括有益身心的方方面面:适度的锻炼、身心情绪的控制,合理的健康饮食,规律的起居休息,一定时间的独处、冥想,等等。

总之,就是持续做丰富身心健康的事情,从而保证持续地向上生长。

尼采坚信,苦难造就超人,人生重要之事就是不能绕过苦难,因为痛苦是铸就我们辉煌人性的必不可少的素材。如我们在舒适区部分所说

的,需要一步步去突破,这个过程会有挫折、会走弯路,甚至是"苦难",但不要回避,成长本身就是建立在"破壁而出"的痛并快乐上,没有这个过程,也将错过人生绽放的机会。

快乐工作,认真生活,活得尽兴,尽兴地活,从职场小白到卓越精英,我们都可以拥有更灿烂的梦想,也都拥有实现梦想的能力。

电影《教父》中有句话说得好:"用一秒钟看到本质的人,和半辈子也看不清一件事本质的人,注定是不一样的命运。"

不想陷入当局者迷的状况,就要始终和自己的认知做斗争,而这个过程绝对少不了"自知之明"的加持。自知,是与自己的核心本质或者真实本性达成的共鸣。同时,一定要做好自身情绪的控制,当然也包括自身对于这个过程真正的热爱。某个豁然开朗的瞬间,就是找寻到人生意义的瞬间。只有这样,才能做到反观自己,越自知,越有知。

而这才是一个成熟的职场人最该拥有的态度。

好了,说了这么多,最终还是希望大家积极主动,"知行合一",为自己的选择和行为负责,扩大影响圈,把注意力放在自己能做什么上,而不是一味地抱怨那些在能力范围外的事。以终为始,以人生的准则而不是任何具体事物为人生的中心,某一阶段的胜利或者失败并不代表整个人生。

了解了知识,也只是起点,要想形成新的思维模式,养成更好的习惯,需要我们将本书所讲的各种方法进一步消化,然后不断练习。我们每个人都是有差异的个体。回归学习的本质,需要我们更好地理解每个方法、工具背后的原理,更灵活地在自身成长的过程中拆分、组合,使

持续成长：刻意练习的主旋律

它们成为自己的"内功心法"。

最后再强调一次，所谓的成功人士，并没有指标表明一定是成绩好、名牌大学毕业或者智商高、具有某种先天优势的人。在职场上，大家的时间更是公平的，你投入更多，回报就更多。没有什么技能是天生的，关键看你自己是否有这个决心，能否用对方法，在向卓越努力的路上，勇敢破局，向上生长！

ChatGPT将带来深刻变革，其深刻程度我们还无法预料，但回归智人直立行走、利用工具的源头，用好ChatGPT也许就会进入更不可思议的时代。

好了，就此结束。

职场，从平庸到卓越，如果非说有灵丹妙药的话，那就是个人坚持不懈地刻意练习。本书希望给到新手小白一些容易理解的原理、容易入手的一些方法，主要目的还是让大家相信自我的潜能，通过适合自己的工具、方法引导自身把事情做好，并强化刻意练习以实现目标。

很荣幸和读者一起走到了这里，但对于我们而言，其实都是"未完待续"的结束，希望大家放下书之后，就开始行动起来，也期待我们在某个交叉路口再次相遇。

祝福你，加油！

卓越者思维

- 学习要从自身反思着手，若只是指责他人，就会只看见别人的错误，却看不见自己的问题。

- 让自己从"不知道自己无知"进化到"知道自己无知"。

- 选择有时候比努力重要，但放弃有时比选择更重要。

- 不要迷信过期的"人生地图"，旧地图去不了新大陆，因为旧地图上根本就没有"新大陆"。过于依赖过往的经验，会让你与现实脱节。

- 具有深度思维的人在知识信息加工、概念的理解与运用等方面有更深刻的见解，能够主动建构个人的知识体系，并且能够把拥有的知识运用到真实的情境中。

- 职场差距的产生不单单在于工作的8小时，还在于8小时之外。

- 为自己的选择和行为负责，扩大影响圈，把注意力放在自己能做什么上，而不是一味地抱怨那些在能力范围外的事。